Le Tartuffe ou l'Imposteur

Molière

Notes, questionnaires et synthèses
adaptés par **Marie-Josée CHAREST**,
professeure au Cégep de la Gaspésie et des Îles

établis par **Pascale MONTUPET**,
docteur ès lettres,
professeure au lycée Stanislas (Paris)

9001, boul. Louis-H.-La Fontaine, Anjou (Québec) Canada H1J 2C5
Téléphone: 514-351-6010 • Télécopieur: 514-351-3534

Direction de l'édition
Katie Moquin

Direction de la production
Danielle Latendresse

Direction de la coordination
Rodolphe Courcy

**Charge de projet
et révision linguistique**
Nicole Lapierre-Vincent

Correction d'épreuves
Marie Théorêt

Conception et réalisation graphique
Girafe & associés

Illustration de la couverture
Bruce Roberts

Les Éditions CEC inc. remercient le gouvernement du Québec de l'aide financière accordée à l'édition de cet ouvrage par l'entremise du Programme de crédit d'impôt pour l'édition de livres, administré par la SODEC.

Tartuffe*, collection *Grands Textes

9001, boul. Louis-H.-La Fontaine
Anjou (Québec) H1J 2C5

Dépôt légal : 2012
Bibliothèque et Archives nationales du Québec
Bibliothèque et Archives Canada

ISBN 978-2-7617-3706-7

Imprimé au Canada
1 2 3 4 5   16 15 14 13 12

Imprimé sur papier contenant 100 %
de fibres recyclées postconsommation.

Édition originale Bibliolycée

Sommaire

Sommaire

PRÉSENTATION

Pourquoi l'œuvre de Molière jouit-elle toujours d'une grande popularité ?

Le Tartuffe est une des premières pièces de théâtre présentée en Nouvelle-France. Ayant déjà suscité des controverses dès sa création à Versailles* en 1664, la pièce excite vivement les passions religieuses dans une colonie sous la gouverne de l'Église catholique. Les mots sévères de l'évêque de Saint-Vallier* laissent deviner l'esclandre qu'a pu causer *Le Tartuffe* !

> Nous déclarons que ces sortes de spectacles et de comédies ne sont pas seulement dangereuses, mais qu'elles sont absolument mauvaises et criminelles d'elles-mêmes et qu'on ne peut y assister sans pécher et comme telles nous les condamnons et faisons défenses très expresses à toutes les personnes de notre diocèse de quelque qualité et condition qu'elles soient de s'y trouver[1].

Mareuil*, à titre de metteur en scène et de comédien du rôle-titre de la pièce, est emprisonné sous l'ordre du prélat, pour être plus tard déporté en France, et ce, malgré le soutien de Frontenac*. Pour avoir voulu faire apprécier le génie satirique* de Molière, Mareuil devient la première victime de la censure littéraire en Nouvelle-France.

Que raconte cette pièce de si provocant pour soulever tant d'interdits ? Dès la première scène, le spectateur plonge dans une atmosphère de discorde : les membres d'une famille de la bourgeoisie française se disputent au sujet d'un directeur de conscience choisi par Orgon, le père. Les jugements varient sur ce Tartuffe qui moralise sur tout : pour Orgon et sa mère, il est un modèle de dévotion ; pour tout le reste de la famille, il n'est qu'un imposteur ! Orgon s'entiche de son Tartuffe jusqu'à l'aveuglement, au point d'offrir au perfide personnage ce qui lui

1. Saint-Vallier, écrit à Québec le 16 janvier 1694. (Cité dans « Scènes de Nouvelle-France : 1535 », André-Gilles Bourassa, *L'annuaire théâtral : revue québécoise d'études théâtrales*, n° 33, 2003, p. 144-158.)

* : *Cf.* Glossaire

tient le plus à cœur. Tartuffe sera-t-il démasqué à temps ? Quelles suites auront ses manigances ?

Avec cette œuvre, Molière, longtemps soupçonné d'être libertin, c'est-à-dire libre penseur, règle ses comptes avec le parti des dévots qui travaille à imposer à toute la société des objectifs de sanctification. En fait, plusieurs associations soutiennent ce but, dont la très influente Compagnie du Saint-Sacrement*, qui recrute ses membres dans l'entourage du roi et qui condamne l'art du théâtre considéré comme une activité pernicieuse. En jouant de son influence, la confrérie réussit même à déclarer la pièce impie et à empêcher toute représentation, interdit qui durera jusque dans la première moitié du XXe siècle.

Aujourd'hui, dans un Occident qui sépare politique et religion, ne serait-il pas légitime de s'interroger sur l'actualité de cette pièce ? Or, la résurgence des conflits religieux, si ce n'est le choc des civilisations aux croyances différentes, remet à l'ordre du jour les inquiétudes mêmes de Molière, qui fustige en Tartuffe le fanatisme hypocrite. Le clergé, qui s'arrogeait tous les pouvoirs, cherchait des boucs émissaires pour expurger le mal de la société. C'étaient presque toujours les femmes, identifiées à l'impureté, et les artistes, associés au plaisir, qui se trouvaient châtiés. Il n'est d'ailleurs pas innocent que, dans la pièce de Molière, ce soient d'abord les femmes qui fomentent la rébellion. Et ce père qui abuse de son autorité semble bien heureux d'avoir un Tartuffe sous la main pour justifier l'arbitraire de ses décisions. Faut-il rappeler d'ailleurs que le roi lui-même s'appuyait sur Dieu pour exercer seul un pouvoir absolu ?

Le Tartuffe ou l'imposteur est la pièce qui causa le plus de soucis à Molière : il en compose trois versions successives, met sa carrière en jeu en continuant de la défendre, et ce n'est qu'après cinq années d'une âpre lutte contre la « cabale des dévots* » qu'elle est finalement présentée à la cour. Mais la postérité lui donne finalement raison puisque c'est l'œuvre la plus jouée à la Comédie-Française* depuis sa création. Il faut donc croire que

* : *Cf.* Glossaire

toute interdiction suscite une instinctive séduction, qui s'exerce en outre par la qualité d'une langue claire, concise et vivante. En fait, *Le Tartuffe* illustre une large gamme de tonalités* qui font éclater les cadres de la comédie* : la pièce fait rire comme il se doit, mais le sombre personnage qui l'habite est inquiétant. Fantôme de mauvais augure dont l'ombre plane sur toutes les scènes, même celles dont il est absent, Tartuffe ressemble à ces puritains qui combattent le mal chez le voisin alors qu'eux-mêmes s'en délectent en privé.

* : *Cf.* Glossaire

Molière interprétant César dans la pièce *La mort de Pompée* de Corneille (Nicolas Mignard, 1606-1668).

Molière, toujours actuel

Molière

Molière, sa vie, son œuvre

Faut-il connaître la vie de Molière pour comprendre la pièce ?

L'attraction du théâtre

Jean-Baptiste Poquelin, dit Molière, est issu de la petite bourgeoisie parisienne, d'un père marchand et tapissier, Jean Poquelin. Il est baptisé le 15 janvier 1622 à l'église Saint-Eustache de Paris et devient orphelin de mère à l'âge de 10 ans. Vers 1640, le lycéen de l'ancien collège jésuite* de Clermont s'oriente vers le droit. Veut-il devenir magistrat ? Ou va-t-il plutôt préférer reprendre la charge de tapissier du roi ? Point du tout, c'est plutôt le théâtre qui le fascine, lui qui se délecte des farces* et qui assiste avec ravissement à celles qui se donnent, à l'Hôtel de Bourgogne, par Gros-Guillaume* et Turlupin*, de même qu'aux pièces du fameux comédien italien Tiberio Fiorelli, que tous appellent Scaramouche*. Avocat sans cause, il fréquente ses voisins, les Béjart, avec qui il interprète des comédies*. Le 30 juin 1643, il fonde avec Joseph, Madeleine et Geneviève Béjart la Société de l'Illustre-Théâtre. Il essuie échec sur échec, ce qui le force à quitter Paris où il a même été emprisonné pour dettes impayées.

Jésuites

Ordre religieux fondé en 1540 et dont les membres font partie de la Compagnie de Jésus. Les premiers missionnaires de la Nouvelle-France viennent en grande partie de cet ordre religieux.

Farce

Comédie dont les origines remontent au Moyen Âge, mettant l'accent sur un humour populaire et un jeu très corporel.

Une vie de saltimbanque

Il quitte en effet Paris pour rejoindre une troupe de comédiens, qui se déplacent en région pour présenter

* : *Cf.* Glossaire

leurs pièces devant des spectateurs d'origines sociales diverses. Le jeune Poquelin se choisit alors le pseudonyme de Molière, sans que soient connues les raisons exactes de ce choix. Progressivement, il en vient à prendre plus de responsabilités dans la troupe. En reconnaissance de ses aptitudes à gérer les finances, les comédiens s'en remettent à ses bons soins pour les diriger. C'est probablement pour leur assurer des revenus que Molière en viendra aussi à composer des pièces tout en pensant au talent de chacun pour la distribution des rôles.

Il sillonne ainsi la province française, et côtoie pendant treize ans divers publics qui l'obligent à parfaire son art. En région, les sujets du roi s'expriment en dialectes variés, des états de langue souvent très éloignés du français parlé à la cour. Par souci de vraisemblance*, Molière s'amusera ensuite à mettre dans la bouche de ses paysans des reparties en langue populaire qui sont familières à l'oreille des Québécois puisqu'elles contiennent, dans certains cas, des caractéristiques linguistiques transmises par les premiers colons venus de France. La curiosité vive et la finesse d'observation de Molière sont par ailleurs d'autres atouts qui lui permettent de saisir les traits et les caractères les plus divers afin de les reproduire dans ses farces bouffonnes.

Pour échapper à l'insécurité d'un train de vie instable, Molière cherche la protection des Grands. Le prince de Conti, gouverneur de la province du Languedoc, devient le mécène* de la troupe. Grâce au soutien de cet homme puissant, Molière donne sa première comédie à Lyon en 1655, *L'étourdi*. Il se lie aux comédiens italiens adeptes de la *commedia dell'arte**. Les personnages très typés et le jeu corporel, propres à ce type de théâtre, exercent une influence déterminante sur Molière. Se tournant vers le mysticisme, Conti se convertit au jansénisme* et met fin à sa protection. Molière, qui, depuis peu, compose ses propres pièces, choisit alors de regagner la capitale.

Vraisemblance

Qualité de ce qui semble vrai selon le spectateur, même quand cela ne l'est pas réellement.

Commedia dell'arte

Comédie à l'italienne, née dans la seconde moitié du XVIe siècle, où les comédiens masqués improvisent sur un canevas en mettant l'accent sur le comique gestuel.

Jansénisme

Au XVIIe siècle, forme de puritanisme religieux selon lequel Dieu est Celui qui choisit ses élus.

* : *Cf.* Glossaire

De la gloire aux déboires

Mécénat

Soutien apporté aux artistes et aux gens de lettres qui pouvait prendre plusieurs formes: attribution d'une pension annuelle, d'un logement, d'une aide à la création, etc. Il entraîne souvent des obligations de la part de l'artiste, tenu, entre autres, de louanger le mécène.

Comédie de mœurs

Pièce qui s'appuie sur le grossissement à outrance des traits de mentalité d'une époque.

Comédie de caractère

Pièce qui s'appuie en général sur le contraste des personnalités.

En 1658, invité à jouer au vieux Louvre devant Louis XIV, Molière présente d'abord une tragédie*, le genre le plus apprécié à l'époque, soit *Nicomède* de Pierre Corneille*. L'accueil étant plutôt froid, Molière rajuste le tir et met tout son talent de comédien aguerri au service d'une farce, *Le docteur amoureux*. Enthousiasmé, le souverain accorde une pension de trois cents livres à la « Troupe de Monsieur », appellation soulignant le mécénat* du frère de Louis XIV, Philippe d'Orléans, dit « Monsieur ». C'est la consécration; la troupe se voit attribuer dans un premier temps la salle du Petit-Bourbon, puis, en 1661, après sa démolition, la salle du Palais-Royal que le dramaturge partage avec les comédiens italiens.

Bien que la boutique de son père ait été cédée, Molière reprend à son nom la charge de tapissier du roi qui lui donne ses entrées à Versailles*. Il jouit non seulement d'une certaine aisance matérielle, mais aussi de la considération du monarque qui accepte d'être le parrain de son premier fils en 1664. Il ne peut toutefois se reposer sur ses lauriers, car il est tenu de se renouveler pour répondre aux attentes d'un public cultivé et exigeant. Il doit en outre se méfier de ses ennemis qui jalousent sa réussite ou désapprouvent son esprit libertin.

Molière explore des styles de comique variés. Sans renoncer à la farce, qui s'appuie sur un comique de gestes et sur des situations burlesques*, il s'aventure du côté des comédies plus ambitieuses, soit la comédie d'intrigue*, où il joue habilement sur le quiproquo*, la comédie de mœurs*, où il se moque de traits de mentalité ou la comédie de caractère*, qui caricature des traits de personnalité. Il combine aussi dans la comédie-ballet* le chant, la danse et le théâtre, montrant ainsi la persistance de l'esthétique baroque*. En fait, la

* : *Cf.* Glossaire

palette de son humour s'élargit et englobe une forme de critique sociale qui atteint souvent sa cible, puisque plusieurs souhaitent que l'amuseur du roi s'en tienne à l'humour facile ! C'est le cas en particulier des proches de la reine mère Anne d'Autriche*, reconnue pour ses allégeances dévotes qui la portent à désapprouver le dérèglement moral qui s'installe à la cour. À la suite du succès des premières farces comme *Sganarelle ou le cocu imaginaire* (1660), *L'école des maris* (1661) et de sa première grande comédie, *L'école des femmes* (1662), les difficultés de Molière s'accumulent pourtant et lui rendent la vie difficile. Si la méthode de Molière, qui est de faire rire en dévoilant la vérité et en dénonçant les menteurs, reçoit l'aval du roi, toujours prêt à protéger Molière des rancunes que sa verve lui attire, elle est ressentie comme un affront par d'autres qui multiplient les attaques sournoises contre le dramaturge. Ainsi, la cabale des dévots* réussit à retarder de cinq ans la présentation du *Tartuffe* malgré l'appui donné par le monarque. Molière en remanie trois fois le texte avant d'obtenir enfin l'autorisation de présenter la pièce sur scène. Entre-temps, il offre quelques-unes de ses plus grandes pièces, comme *Dom Juan* en 1665 et *Le misanthrope* en 1666, *L'avare*, *Amphitryon* et *Georges Dandin* en 1668, dont certaines sont perçues comme autant de manifestations de son anticonformisme.

Cabale des dévots

Parti de dévots qui, par fanatisme religieux, prône la soumission de l'État à l'Église. Les dévots de la Compagnie du Saint-Sacrement s'installent dans les familles, ont le soutien d'Anne d'Autriche (mère de Louis XIV) et des nobles convertis, servent le pape et incarnent la lutte contre le pouvoir royal. La cabale des dévots renvoie donc à toutes ces luttes de pouvoir et d'influence.

Amertume et exclusion

Dès 1665, la santé de Molière décline : l'auteur subit avec amertume les attaques qui sont dirigées contre lui de toutes parts. Son mariage, puis les infidélités de sa jeune épouse Armande Béjart, de vingt ans sa cadette, lui valent les calomnies de ses contemporains. Le roi exige un nombre croissant de divertissements, ce qui contribue à accabler un auteur vieillissant. Les ruptures se multiplient, notamment avec son allié d'hier, le

*: *Cf.* Glossaire

compositeur Lully*, qui obtient toute la faveur royale. C'est à l'issue de la quatrième représentation du *Malade imaginaire*, le 17 février 1673, que Molière meurt après avoir été pris d'un accès de toux sur scène. Comme il pratiquait le métier peu honorable de comédien, il ne reçoit pas les derniers sacrements et ce n'est que l'intervention du roi lui-même qui empêche que son corps ne soit jeté à la fosse publique.

Le génie de Molière

Parmi les dramaturges de son époque, Molière est le seul à avoir cumulé les fonctions de comédien, de metteur en scène, d'écrivain et de directeur de troupe. Dans ces quatre domaines, il excelle tout en marquant sa singularité. Comme comédien, il sait jouer de tous les registres* comiques en combinant le jeu corporel et acrobatique à la mimique expressive et drôle. Comme metteur en scène, il sait tirer parti du physique de ses comédiens dans l'attribution des rôles. Son apprentissage de tapissier lui sert à construire des décors somptueux et à concevoir de magnifiques costumes de scène qui contribuent à la bonne réputation de la compagnie. Enfin, les didascalies*, plus nombreuses dans ses pièces que dans celles de Racine* ou de Corneille, témoignent de sa sensibilité à l'espace scénique. Molière, en effet, déroge au statisme en vogue dans les tragédies classiques* et fait bouger ses comédiens sur scène pour donner plus de dynamisme au spectacle. Comme écrivain, il ouvre les frontières de la comédie, genre jusqu'alors sous-estimé, qui exploite désormais tant l'étude des caractères que la critique des mentalités. Enfin, comme directeur de troupe, il voit à fournir de l'emploi à ses comédiens, notamment en produisant des œuvres à un rythme effréné, et il assure leur bien-être en obtenant pour eux une pension de retraite. En 1679, ces mêmes comédiens pourront devenir propriétaires et poser ainsi les

Registre

Ensemble de procédés qui visent un effet particulier chez le spectateur. Dans la comédie : registres farcesque, burlesque, satirique, etc.

Didascalies

Indications scéniques qui incluent tous les renseignements non destinés à être dits sur scène, comme la liste des personnages et la description des décors (ces indications scéniques apparaissent généralement en italique dans le texte).

Classique

Désigne l'œuvre des auteurs du classicisme, courant littéraire européen du XVIIe siècle dont les idéaux sont la mesure, l'équilibre et l'ordre dans une quête de perfection absolue.

*: *Cf.* Glossaire

fondements juridiques et administratifs de la Comédie-Française*, institution qui demeure au cœur de la vie théâtrale parisienne encore de nos jours.

Comédie-Française

Fondée en 1680, cette institution est le plus illustre des théâtres parisiens ; sa mission est de jouer les grands classiques, parmi lesquels se trouvent les pièces de Molière, dramaturge considéré comme le patron des comédiens de France.

À retenir

- Fait rare à son époque, Molière est écrivain, comédien et directeur de troupe alors que les deux autres grands dramaturges classiques, Corneille et Racine, ne sont qu'auteurs. Cette expérience des planches confère une profondeur particulière à sa pratique artistique. Sachant appréhender les réactions du public au moment de l'écriture, Molière a le sens de l'efficacité dans la construction de ses intrigues et le sens du rythme dans la formulation des réparties.
- Tout au long de sa carrière, Molière, soupçonné d'être libertin, est en butte aux dévots qui complotent contre le dramaturge pour empêcher notamment la représentation du *Tartuffe*. Le parti des dévots incarne le fanatisme religieux et prône la soumission de l'État à l'Église.
- Grand succès et œuvre à scandale, *Le Tartuffe* innove tout en représentant un accomplissement dans l'œuvre de Molière : à la fois tragi-comédie et comédie de mœurs et de caractère, la pièce met en scène des personnages de toutes les couches de la société (domestiques, paysans, bourgeois et gentilshommes) et fait ressortir leurs défauts et vices cachés tout en présentant une critique d'un trait de mentalité, à savoir cette tendance à prêcher aux autres une morale en négligeant de s'y conformer soi-même.

* : *Cf.* Glossaire

Description de l'époque : la France sous Louis XIV

Totalitarisme monarchique

Régime dont le représentant est le roi, qui ne souffre aucune opposition. Le roi impose sa loi et ses idées, contrôle la population et la liberté d'expression en plus de recourir fréquemment à l'armée et à la force pour régler ses conflits.

Féodalisme

Système politique et social fondé sur un rapport de dépendance du vassal au seigneur.

Hégémonie

Domination souveraine.

Qu'importe-t-il de connaître de la France du XVIIe siècle ?

Le contexte historique

La France du XVIIe siècle est d'abord et avant tout celle de Louis XIV, le Grand Roi, qui installe un modèle de totalitarisme monarchique* considéré par la suite comme une norme et un idéal de gouvernance par d'autres souverains. Au décès de son père, en 1643, Louis XIV devient roi : il n'a que 5 ans. La régence est assurée par sa mère Anne d'Autriche. À la mort de Mazarin, Louis XIV est âgé de 23 ans et décide de gouverner personnellement. La société d'alors a conservé une organisation héritée du Moyen Âge, d'inspiration féodale*.

Au *Soli, soli, soli* (À moi seul le soleil de la terre) du roi correspondent ces idéaux d'État pur s'exaltant dans l'éclat, le pouvoir et la gloire du Roi-Soleil, dont la puissance ne se soumet qu'au Dieu qui, selon lui, l'a couronné. Le grand maître de Versailles installe donc son hégémonie* sur la prétention d'avoir reçu sa couronne de Dieu : n'étant pas élu par ses sujets, il s'estime au-dessus des lois humaines. Par cette mythologie personnelle centrée sur le symbole* du soleil, astre donneur de vie et forte image de pouvoir, Louis XIV indique que l'État, c'est lui. Que ce soit dans la politique intérieure ou extérieure de la France, l'image du roi-très-chrétien est associée au prestige de sa cour et à la grandeur de son royaume.

* : *Cf.* Glossaire

Pour ce qui est de la politique extérieure, Louis XIV guerroie et fait valoir la toute-puissance française en menant en dix ans deux campagnes importantes : celles des Flandres* (aujourd'hui territoires belge, français et néerlandais) et de la Hollande. L'Europe, lasse après la prise de Maëstricht en 1673, fera front contre lui. Cependant, l'armée permet aux nobles d'afficher leur vaillance et, bien que les guerres vident les coffres du royaume, Louis XIV continuera de satisfaire ses appétits de conquête pour maintenir sa puissance.

À l'intérieur, l'émergence d'une bourgeoisie travaillante et ambitieuse bouleverse l'équilibre social ; de nouvelles familles s'enrichissent. L'échec de la deuxième Fronde* (1650-1653) – celle des princes – affaiblit la puissance militaire des Grands. Le monarque prend soin, en 1661, d'ancrer l'absolutisme : par le truchement de Colbert*, il développe la machine administrative (l'administration du royaume ou de l'État) tout en s'imposant comme roi et en s'entourant d'une cour lui obéissant au doigt et à l'œil. Il étend son pouvoir jusque dans les provinces françaises en déléguant des intendants qui régentent la vie du pays. Sous sa gouverne, la royauté devient bureaucratique. Plus que jamais avant lui la centralisation du pouvoir s'intensifie.

Louis XIV développe une mystique de l'État par la codification extrême de l'étiquette, et le château de Versailles devient cet édifice classique qu'il veut imposer pour modèle. Il ne faut pas s'y tromper : si le Roi-Soleil installe une monarchie dont le but premier est une société ordonnée en tout point, il n'en reste pas moins que la magnificence de l'État se déploie aux dépens du peuple qui vit des temps sombres. Les paysans sont aussi misérables que des esclaves et la famine est un fléau. De plus, les protestants sont persécutés au moment de la révocation de l'édit de Nantes* (1685) qui permettait la liberté religieuse. Au siècle de Louis XIV, la misère et la magnificence sont les deux versants du royaume de France.

Flandres

Plaine qui s'étend en bordure de la mer du Nord en France et en Belgique, entre l'Artois (en France) et les bouches de L'Escaut (en Belgique). Les ports de Calais, d'Ostende et de Dunkerque sont situés en Flandre maritime.

Édit de Nantes

Signé le 13 avril 1598 par Henri IV, il permettait la liberté de culte aux protestants. La révocation de cet édit sous Louis XIV, en 1685, empêche ces derniers de pratiquer leur religion et donne lieu à divers soulèvements.

* : *Cf.* Glossaire

Durant le règne de Louis XIV, les tensions sont grandes avec le pape, autorité suprême de l'Église catholique romaine. Le souverain montre une indépendance insolente et professe que les conciles œcuméniques ont une autorité supérieure à celle du pape, qui, pour sa part, prononce l'infaillibilité de son pouvoir ! Le roi encourage le gallicanisme, c'est-à-dire une relative indépendance du clergé français envers le Saint-Siège. En témoignent les persécutions contre les jansénistes… Une telle conception du pouvoir royal ne peut que déplaire au pape. Même s'il est à Rome, le pape a des émissaires dans le royaume de France. Il travaille donc à faire contrepoids en soutenant les Jésuites et la Compagnie du Saint-Sacrement de l'Autel (voir « Cabale des dévots » dans le glossaire).

À retenir

- Louis XIV installe une monarchie absolue* en France, affirmant détenir son pouvoir de Dieu ; la tension entre le pouvoir du roi et celui du Saint-Siège sera constante tout au long de son règne.
- Pour éloigner la noblesse de l'exercice du pouvoir et des manigances politiques, pour impressionner mais aussi pour assurer de l'éclat à son règne, le roi multiplie les divertissements : fêtes, spectacles, jeux de hasard et d'argent, etc.
- Le XVIIe siècle est une époque de tensions religieuses entre jésuites et jansénistes et entre catholiques et protestants. La révocation de l'édit de Nantes cause le soulèvement des protestants et crée de forts tumultes intérieurs, entraînant une persécution violente des protestants en France.
- Le roi, grand mécène des artistes, encourage des œuvres qui illustrent le mode de vie idéal des nobles, notamment dans la tragédie, genre le plus valorisé au théâtre. Les bourgeois, issus du peuple, sont souvent ridiculisés dans les comédies.
- Le classicisme qui préconise l'ordre et les valeurs de l'élite s'accorde aux idéaux de l'État.
- Libre penseur et épris de fête dans sa jeunesse, Louis XIV vieillissant se tourne vers la religion, entouré d'une cour forcée de lui obéir, une noblesse d'apparat sans pouvoir réel sur les affaires de l'État.

* : *Cf.* Glossaire

Le contexte artistique

Maintes querelles agitent le siècle, et cela, même dans le domaine des arts, la plus connue étant une polémique opposant les « Anciens » et les « Modernes ». En effet, entre les classiques, qui s'inspirent des œuvres et des sujets de l'Antiquité, et les Modernes, qui tentent de renouveler les formes et les récits, l'art est en pleine mutation.

Néanmoins, le roi a compris que sa gloire serait d'autant plus grande s'il encourageait et protégeait artistes et gens de lettres. Épris de faste et de grandeur, Louis XIV recherche l'éclat tant en architecture, en peinture, en musique qu'en littérature.

En architecture

Après la construction dans la première moitié du siècle du palais de Luxembourg, du Palais-Royal et de la chapelle de la Sorbonne, Louis XIV rêve d'un palais grandiose et en fixe le lieu à Versailles. Il s'entoure de trois artistes de qualité : Jules Hardouin-Mansart, Louis Le Vau et André Le Nôtre. Les deux premiers sont chargés de l'édifice, le dernier, des jardins. L'architecture favorise l'équilibre des formes et des volumes, alors que le décor peut glisser vers une relative exubérance, montrant ainsi la persistance de l'influence baroque en art. En effet, le courant baroque est célébré par les jeux d'eau de Versailles et les reflets de la galerie des Glaces. Le palais, commencé en 1661, ne sera vraiment achevé qu'en 1695.

En peinture

Louis XIV est à la fois mécène et premier client des artistes ; il fait naître un style bien à lui, le style classique, qui vise l'harmonie la plus parfaite, art codifié et enseigné dans les académies. L'idolâtrie envers le roi et la mode des sujets mythologiques apparaissent dans un grand nombre de ces œuvres: il est évident que le roi oriente le goût en matière d'art. Le XVIIe siècle voit naître des peintres; parmi ses plus illustres représentants: Claude Le Lorrain (1600-1682), Nicolas Poussin (1594-1665), Eustache Le Sueur (1616-1655) et Philippe de Champaigne (1602-1674). Le style Louis XIV nous a laissé les noms de Charles Le Brun (1619-1690), des frères Le Nain et de Pierre Mignard (1612-1695) auquel nous devons le portrait de son ami Molière qui orne le grand salon de l'Académie française*.

Académie française

Fondée en 1635, cette institution regroupe quarante membres élus par leurs pairs et dont le rôle est de veiller au bon usage de la langue française.

En musique

Le grand compositeur baroque Jean-Baptiste Lully (1632-1687) a toute l'admiration et l'attention du roi. Admis dans les vingt-quatre grands violons du roi, puis Intendant et directeur de l'Académie de musique et fondateur de la tragédie lyrique française, il domine la vie musicale de son époque. Ce musicien, qui a d'ailleurs composé la musique des premières comédies-ballets de Molière, excelle dans la musique de cour.

Le contexte littéraire

La censure

Du temps de Molière, la littérature est étroitement liée à la domination des pouvoirs royaux et religieux sur la société; les puissants ne perdent jamais de vue les dangers qu'elle peut représenter pour eux. L'administration royale fixe les règles de la censure, alors que l'Église instaure, dès le XVIe siècle, le système de l'*Index librorum prohibitorum* où sont répertoriés les livres interdits. Les procès littéraires abondent, les peines encourues sont l'emprisonnement, la saisie des livres, l'arrêt des représentations, la confiscation des biens et

* : *Cf.* Glossaire

même la condamnation à mort (treize sont prononcées entre 1610 et 1698)[2]. Au cours de sa carrière, Molière a subi cette forme de répression à propos des textes de *Dom Juan* et de *Tartuffe* qu'il a dû remanier. La censure, bien que vécue négativement par les auteurs, est une composante majeure de la vie littéraire du XVIIe siècle : elle influence l'écriture, l'édition clandestine se développe et – faut-il le rappeler – les portes sont gardées lors de certaines représentations théâtrales. De cet aura d'interdiction et de cette excitation naîtra la jouissance d'accéder à un texte rare et subversif !

Les sociétés littéraires

C'est aussi l'époque des sociétés littéraires. L'Hôtel de Rambouillet accueille des habitués dans de brillantes réunions : mesdames de la Fayette* et de Sévigné, La Rochefoucauld* et, à l'occasion, Corneille et Bossuet. Se développe l'art de la conversation et les « précieuses* » s'attardent à la perfection des manières et du langage, dont l'excès portera Molière à les tourner en dérision. Cette période est marquée par une certaine émancipation féminine dans les milieux privilégiés.

Il faut également noter la fondation de l'Académie française (1635) dont le rôle est de veiller au bon usage de la langue française par la composition d'un dictionnaire et d'une grammaire dans un esprit de discipline et de soumission aux règles. Notons aussi l'importance de l'abbaye de Port-Royal où des savants et des écrivains se côtoient. Les essais philosophiques de Pascal sont un exemple d'œuvre dont l'écriture sobre s'éloigne de la pédanterie alors à la mode.

Le baroque et le classicisme

Le XVIIe siècle est associé au classicisme, mais, en parallèle, a subsisté en France le courant baroque, tout

2. Voir « Censure », le *Dictionnaire du littéraire*, Paul Aron, Denis Saint-Jacques et Alain Viala (dir.), PUF, coll. « Quadrige Dicos poche », 2004, p. 85.

La Fayette, madame de

(1634-1693) : comtesse et femme de lettres française, auteure de *La princesse de Clèves* (1678), roman à succès souvent reconnu comme le premier roman d'analyse psychologique en France.

La Rochefoucauld, François VI, duc de

(1613-1680) : écrivain, mémorialiste et moraliste français reconnu pour ses *Maximes* (1664).

* : *Cf.* Glossaire

d'éclat et d'apparat, de mouvement et d'exubérance. Les motifs baroques du miroir, de l'éphémère et du masque s'accordent à une époque portée vers les apparences. Ils inspirent également le théâtre de Molière, par exemple dans la fuite sans fin qu'entreprend Don Juan ou dans le personnage cousu de faux-semblants qu'est Tartuffe. Le classicisme est une réaction qui va à l'encontre de ces débordements de l'art baroque par une recherche d'équilibre et d'ordre.

L'éloquence religieuse

Saint François de Sales* associe monde et spiritualité et ses textes, très prisés, servent de matière incandescente à la concupiscence de Tartuffe (acte III, scène 3). En cette époque de ferveur religieuse, la piété trouve son bien dans les sermons et les oraisons d'hommes d'Église célèbres, dont Bossuet. Avec le recul, il est étonnant de constater que le faste des fêtes royales côtoie la soumission la plus stricte à l'Église. Toutefois, pour plaire au roi, il faut l'imiter. De cette complaisance naîtra l'hypocrisie, dont le monarque est conscient, ce qui le poussera à défendre *Le Tartuffe*.

Dans ce grand siècle, la littérature se partage entre la prose des moralistes, celle des prédicateurs religieux, des historiens et des mémorialistes, celle des épistoliers et des premiers romanciers, mais s'y côtoient aussi la poésie didactique de Boileau* et de La Fontaine, et la poésie dramatique* de Corneille, de Racine et de Molière.

Boileau, Nicolas

(1636-1711) : écrivain, poète et critique français connu pour avoir établi les règles de l'écriture classique au XVIIe siècle dans son célèbre *Art poétique* (1674), dont la forme et le contenu répercutent le souci d'équilibre et d'harmonie du classicisme.

Dramatique

Relatif au théâtre ; un auteur dramatique (Molière) est un dramaturge ; une pièce de théâtre est une œuvre dramatique.

L'âge d'or du théâtre

Des dramaturges de génie

L'éclat royal ne saurait trouver d'ambassadeur plus efficace que le théâtre. Pierre Corneille (1606-1684),

* : *Cf.* Glossaire

Jean Racine (1639-1699) et Molière (1622-1673) dominent la scène. Si Molière s'est démarqué par la comédie, Corneille a oscillé pendant un certain temps entre comédie et tragédie, alors que Racine excelle dans le second genre. De nos jours, nous considérons que Molière est le grand auteur comique du XVIIe siècle, alors que Corneille et Racine se partagent le prestige de la tragédie classique.

Corneille marque l'imaginaire littéraire de son temps avec *Le Cid* (1637), chef-d'œuvre que la France accueille avec grand enthousiasme et dont le sujet emprunté aux légendes espagnoles respire l'héroïsme chevaleresque du Moyen Âge, magnifie l'honneur, la bravoure et la virilité. Ces sujets nobles et ces thématiques guerrières semblent plus à même de servir les ambitions exaltantes de la tragédie. Par contre, les conflits de pouvoir entre les Grands et le roi (*Horace* [1640] et *Cinna* [1641]) sont indirectement abordés par Molière, qui ridiculise ces bourgeois mimant maladroitement les manières aristocratiques et dont les espoirs d'élévation sociale n'ont d'égal que leur bêtise. Toutefois, le ton de ce débat social est beaucoup plus modéré chez Molière, qui, dans ses comédies, se moque surtout des travers humains, tandis que le débat moral d'envergure est privilégié dans les tragédies. Pour sa part, le théâtre de Racine centre l'intrigue* sur l'aspect maudit de toute passion et sur son caractère coupable, porté à son paroxysme dans *Phèdre* (1677). En un sens, cette thématique est aussi reprise par Molière dans *Le Tartuffe* et *Dom Juan*, où le désir de conquête amoureuse se révèle lui aussi indéfendable et foncièrement amoral.

Intrigue

Ensemble des événements qui forment le nœud d'une pièce de théâtre.

Molière tire ses sujets du monde qui l'entoure ; Corneille et Racine empruntent la plupart du temps les leurs au théâtre grec et parfois aux livres saints qui illustrent avec gravité les tensions entre le Bien et le Mal. Chacun traduit la complexité humaine selon la formation qu'il a reçue : Racine manifeste un pessimisme hérité de son éducation janséniste auquel

* : *Cf.* Glossaire

Honnête homme (Idéal de l')

Modèle du sujet royal, qui a intégré les valeurs et le comportement valorisés sous Louis XIV : la juste mesure, l'art de la courtisanerie, le courage dans la modestie, tout pour ne pas porter ombrage au roi.

Règle des trois unités

Règle du théâtre classique voulant qu'une pièce respecte l'unité de lieu, de temps et d'action ; l'action se déroule en un seul lieu, en un jour et autour d'une seule grande intrigue.

s'oppose l'optimisme de Corneille, marqué par les Jésuites. Cet optimisme est tout aussi notable chez Molière, qui favorise en tout le juste milieu, en s'appuyant sur l'idéal de l'honnête homme*.

Que ce soit par la comédie de Molière ou la tragédie de Corneille ou de Racine, le théâtre classique présente une vision singulière du XVIIe siècle et permet de revisiter cette époque par l'entremise de ces trois grandes voix du théâtre.

L'importance des règles

Le théâtre jouit donc de la faveur royale : le roi fait de Racine son historiographe et nomme la troupe de Molière « Troupe du Roi » en 1665. Mais faveur ne signifie pas liberté. Le goût se confond avec l'ordre et l'art a besoin de règles. Le roi le veut. Ainsi sont créées l'Académie des inscriptions et belles-lettres en 1663, des sciences en 1666, de la musique en 1669 et de l'architecture en 1671. Les principes classiques sont élaborés dans les écrits critiques de *La pratique du théâtre* (1657) de l'abbé d'Aubignac et les *Discours et examens* (1660) de Corneille. Pour orienter la production théâtrale, on propose la règle des trois unités*, le respect des critères de bienséance* et de vraisemblance, et l'organisation des pièces en cinq actes*. La poésie n'échappe pas à cette volonté normative qu'exprime Nicolas Boileau (1636-1711) dans son *Art poétique* (1674). L'écrivain est désormais considéré comme un artisan, détenteur d'un savoir-faire : il importe donc de lui montrer le chemin à suivre, d'apprécier sa compétence et de sanctionner ses infractions. La critique devient une figure incontournable de la littérature de ce siècle.

Passion et raison

Le théâtre met en scène les passions et les mouvements de l'âme. Haine, amour, envie, colère, mélancolie :

* : *Cf.* Glossaire

autant d'émotions qui exacerbent l'amour-propre et exaltent le sentiment amoureux. Si ce pathos des personnages a un fort effet sur le public et agrée au pouvoir royal, il déplaît au pape, qui est d'avis que l'objet de l'amour unique devrait se trouver en Dieu. Ainsi se développe une littérature catholique militante dont les plus illustres plumes sont celles de Bossuet (1627-1704), grand orateur connu pour l'éloquence de ses prédications à la cour et dans les églises et chapelles les plus fréquentées, et de Blaise Pascal (1623-1662). Bossuet démontre une grande éloquence religieuse dans ses *Sermons*, et prêche avec flamme et emphase l'humilité devant Dieu ; dans ses *Maximes et réflexions sur la comédie* (1694), il déchaîne les foudres célestes contre le théâtre. Pour sa part, l'œuvre de Pascal n'offre aucune consolation au lecteur et les questions sans réponses de la méditation philosophique que forment *Les pensées* (1670) révèlent une métaphysique sombre et angoissante.

Mais tous ces défenseurs de la foi ne peuvent endiguer le rayonnement de la littérature amoureuse. Dès le début du siècle, des femmes du monde et des femmes de lettres qu'on appelait les précieuses* placent le sentiment amoureux au centre des réunions où chacun(e) lit ses derniers vers et s'exerce à fouiller les moindres recoins de l'âme. Dans leurs salons, un savoir-vivre mondain et un idéal esthétique se développent autour de considérations sur le beau langage, la place de la femme en société, la galanterie et les réflexions spirituelles autour du sentiment amoureux. S'y élaborent les premiers romans authentiques où la psychologie et l'amour occupent une place prépondérante. Certes les excès stylistiques, encouragés dans le salon de mademoiselle de Scudéry, deviendront les cibles faciles des *Précieuses ridicules* (1659). Néanmoins, ces « précieuses » contribuent à la parution du chef-d'œuvre romanesque de madame de La Fayette, *La princesse de Clèves* (1678). Écrit dans une

Précieux

Adeptes d'un courant littéraire et philosophique du début du XVIIe siècle, qui revendique l'émancipation des femmes tout en faisant la promotion de la galanterie et du raffinement dans les mœurs.

* : *Cf.* Glossaire

langue équilibrée, ce roman, où dominent clarté et concision, met en scène les valeurs généralement associées au classicisme, même si les débats intérieurs y ont un caractère précieux.

L'honnête homme

Homme de cour sans être pour autant adulateur, l'honnête homme du XVIIe siècle maîtrise l'art de plaire au prince. Par sa politesse et sa culture, il se conforme à la bienséance et son discours brillant révèle un habile jeu de séduction. Dans ce siècle de liberté surveillée et assujettie à la volonté de protéger un ordre, qu'il soit politique ou religieux, souffle néanmoins un vent d'indépendance qu'illustre le libertinage (du latin *libertinus*: affranchi), qui n'admet aucune contrainte morale ni intellectuelle, à l'exemple de Gassendi (1592-1655), chercheur dont la curiosité avide d'une vérité fondée sur les faits et l'expérience conduit à une attitude sceptique jugée trop matérialiste par le pouvoir religieux. Le doute méthodique que Descartes (1596-1650) ose prôner dans son *Discours de la méthode* (1637) et le trop grand crédit qu'il accorde à la raison vont aussi à l'encontre du respect dû au dogme.

L'honnête homme du XVIIe siècle préfigure déjà l'esprit des lumières* du XVIIIe siècle. Molière lui-même croise le chevalier de Méré* et le chevalier de la Mothe le Vayer*, ami de Gassendi, deux esprits forts auxquels les propos tenus par Cléante du *Tartuffe* ou Philinte du *Misanthrope* ne sont probablement pas étrangers. De plus, l'honnête homme séduit par son caractère aimable sans être passionné, son esprit savant sans être pédant, son goût d'une mesure conforme à l'humaine nature, selon l'opinion de Molière.

Lumières

Courant littéraire qui valorise, au XVIIIe siècle, l'usage de la raison pour soupeser et critiquer les conventions établies.

Enfin, pour occulter les travers de son temps, il n'est pas de secours plus efficace que de fréquenter les moralistes ou, à défaut, de les lire: les *Maximes* de La Rochefoucauld (1613-1680), les *Fables* de La Fontaine

*: *Cf.* Glossaire

(1621-1695) ou *Les caractères* de La Bruyère (1645-1696) sont de savoureux bréviaires du mondain avant Voltaire, de l'« élégant », tant socialement qu'intellectuellement.

Le tableau qui suit présente une synthèse des caractéristiques des deux courants dominants au siècle de Louis XIV, soit les courants baroque et classique. Il peut s'avérer un outil précieux à l'étape de la rédaction.

Tableau des courants artistiques au XVIIe siècle

Courant baroque	Courant classique
• Influence dominante au début du XVIIe siècle, dans toute l'Europe.	• Influence dominante en France sous le règne de Louis XIV.
• Héros* inconstants, déchirés, susceptibles de se déguiser ou de se métamorphoser en cours d'action, qui adhèrent aux valeurs chevaleresques, qui ont le goût de l'héroïsme et qui cultivent l'ambiguïté.	• Héros qui calquent leurs valeurs sur celles de l'honnête homme, toujours dans la juste mesure, entre honneur et devoir. De rang élevé dans la tragédie, d'origine bourgeoise dans la comédie.
• Mélange des genres, le tragique* se mêlant au comique (la tragi-comédie) dans le but de traduire le malaise de l'être humain devant un monde en bouleversement ; foisonnement des anecdotes.	• Séparation des genres et respect des contraintes de composition, notamment la règle des trois unités, celle de lieu (un seul lieu), de temps (une journée) et d'action (une ligne directrice), pour traduire une impression de stabilité, celle de la monarchie absolue.
• Virtuosité stylistique, prolifération des figures de style et tendance au langage précieux, orné. Intensité dans l'expression des sentiments ; goût pour tout ce qui est excessif.	• Sobriété dans l'expression des sentiments, qui doivent demeurer dans les limites de la bienséance, c'est-à-dire de la décence morale. Style épuré, clarté et précision du lexique.
• Prédilection pour les effets de mise en scène, pour les changements de décor et les pièces à machines.	• Mise en scène solennelle qui met l'accent sur le caractère cérémoniel de la représentation, dans le but de servir la gloire du roi.
• Effet souhaité sur le spectateur : le surprendre, l'impressionner.	• Désir de plaire au spectateur pour mieux l'instruire des valeurs et des comportements socialement souhaitables.

* : *Cf.* Glossaire

Présentation de la pièce

Premièrement, quel lien peut-on établir entre l'ensemble de ces connaissances et la pièce **Le Tartuffe ?**
Deuxièmement, en quoi ces connaissances peuvent-elles contribuer à une meilleure compréhension de la pièce ?

La parodie* religieuse

La pièce *Le Tartuffe* n'aurait pas inquiété si vivement l'Église si le propos était demeuré allusif* et si le personnage principal n'avait été incarné que dans la bouffonnerie. Mais Molière veut donner du tranchant à sa satire* en puisant à des sources religieuses authentiques : le *Nouveau Testament* et des textes de théologiens jésuites ou jansénistes connus, et, notamment, les écritures de saint François de Sales dont l'influence est marquante sur l'Église catholique d'alors. Le dramaturge les parodie tous, c'est-à-dire qu'il subvertit leurs propos pour mieux les dévaluer. Il veut certes susciter le rire, mais aussi engendrer une attitude critique. Ainsi, il contrefait les textes des apôtres saint Paul et saint Luc. Si le vers 309 de l'acte I scène 5 parodie l'acte de mortification de saint Macaire s'exposant pendant six mois au désert pour avoir tué lui-même une puce (épître de saint Paul aux Philippiens, III, 8), le « joyeux abandon » des siens auquel souscrit Orgon pour l'intérêt du ciel aux vers 278 et 279 de la scène précitée évoque sans détour l'Évangile selon Luc : « Si quelqu'un vient à moi sans haïr son père, sa mère, ses frères, ses sœurs et jusqu'à sa propre vie, il ne peut être mon disciple » (14, 26).

Parodie

Texte qui en imite un autre pour le déprécier.

Allusif

Caractère de ce qui est sous-entendu et formulé de manière indirecte.

Satire

Texte dans lequel l'humour prend un caractère critique si ce n'est polémique.

* : *Cf.* Glossaire

Molière n'épargne pas non plus François de Sales (1567-1622), théologien du début du siècle très connu, décédé l'année de la naissance de Molière. Le langage dévot utilisé par Tartuffe à l'acte III scène 3 pour séduire Elmire – qui célèbre l'amour divin et le mysticisme en termes profanes et sensuels – pastiche le langage de l'*Introduction à la vie dévote* et celui du *Traité de l'amour de Dieu*. La déférence extrême qu'il prête au dévot Orgon envers son « directeur de conscience » est aussi une façon de ridiculiser les conseils de saint François de Sales en cette matière : « Quand vous l'aurez trouvé, ne le considérez pas comme un simple homme, ne vous confiez pas en son savoir humain, mais en Dieu, lequel vous favorisera par l'entremise de cet homme, mettant dans le cœur et dans la bouche d'icelui ce qui sera requis pour votre bonheur ; si que vous le devez écouter comme un ange qui descend du Ciel pour vous y mener » (*Introduction à la vie dévote*, chap. IV, deuxième partie). Molière pousse donc à l'extrême le fanatisme d'Orgon afin de servir ses buts, soit de donner en spectacle une féroce caricature du dévot. Et il est certain qu'une connaissance de l'époque et de ses dissensions religieuses permet d'apprécier la pièce sur une plus large portée. Le spectateur est en mesure de saisir les références au siècle de Louis XIV tout en conservant la liberté d'en apprécier les résonances modernes.

Liens avec la description de l'époque

Tartuffe, décrit comme un directeur de conscience hypocrite, est en fait un personnage conçu pour servir les attaques de Molière contre le parti des dévots, toujours prêt à en appeler de la censure contre ses œuvres.

Désavoué par le roi en 1630, le parti des dévots trouve dans la Compagnie du Saint-Sacrement de l'Autel (fondée en 1630) un relais à la fois caritatif et justicier. Officiellement, la Compagnie est une entreprise de charité : elle vient au secours des plus démunis, notamment en ouvrant en 1656, à Paris, l'Hôpital général – ancêtre en quelque sorte des institutions de l'Assistance publique. Officieusement, la Compagnie sert les intérêts du pape et du parti des dévots : elle incarne la lutte contre le pouvoir royal. Certes, les Jésuites, qui savent concilier devoirs mondains et exigences chrétiennes, soutiennent Rome ; mais le fanatisme des « Frères » de la Compagnie s'avère un atout précieux dans cette course au pouvoir. En effet, les nobles qui font partie de cette confrérie ont leurs entrées à la cour et côtoient les membres de la famille royale. Ils bénéficient du soutien de la pieuse Anne d'Autriche jusqu'à sa mort en 1666, et de celui des Grands (nobles) convertis, tels le prince de Condé et le prince de Conti. Ils proposent aux familles puissantes des directeurs de conscience qui puissent les conseiller dans leur cheminement vers la vertu. Ces mentors, sous prétexte de régenter les esprits et les mœurs des Français, sont en fait chargés de débusquer et de dénoncer tout libertin : Molière est soupçonné d'en être un. Le terme de « libertin » s'applique aux individus qui exercent leur liberté de jugement par rapport à la religion tout en dénonçant les superstitions. Le mot a pris avec le temps un deuxième sens, celui d'un adepte de séduction et de plaisir charnel. Dans *Le Tartuffe*, celui qui prêche des principes de rigoureuse vertu sera démasqué : sous des habits austères se cache en fait un fourbe voluptueux et un ingrat matérialiste, très sensible aux attraits des femmes et de l'argent.

La première version de la pièce, intitulée *Tartuffe ou l'hypocrite*, date de 1664. Représentée à Versailles au cours des divertissements royaux le 12 mai, la pièce a fait rire son plus illustre spectateur, Louis XIV, qui l'interdit pourtant dès le lendemain sous la pression dévote de l'archevêque de Paris. Cette première version se terminait sur une victoire du faux dévot.

Molière ne se décourage pas pour autant et adoucit son texte dans une seconde version en 1667, de nouveau interdite, puis dans une troisième en 1669, qui s'achève sur un éloge au roi. On comprend donc que le dénouement* avec ses répliques très flatteuses pour ce prince ennemi de la fraude (référence à Louis XIV) correspond en fait à une tactique de Molière pour arriver à lever la censure sur la pièce. L'Exempt en effet fait la leçon à Orgon :

Nous vivons sous un Prince ennemi de la fraude,
Un Prince dont les yeux se font jour dans les cœurs,
Et que ne peut tromper tout l'art des imposteurs.
D'un fin discernement sa grande âme pourvue
Sur les choses toujours jette une droite vue
(acte V, scène 7, v. 334 à 338).

Dénouement

Résolution d'une situation nouée par une série de péripéties. On trouve deux types de dénouement : le dénouement fermé, qui dénoue les nœuds de l'intrigue et résout la problématique de l'intrigue, et la fin ouverte, qui laisse certains aspects en suspens.

Une galerie de personnages contrastés

Dénoncer l'hypocrisie à l'époque de Molière exigeait donc de pouvoir manier subtilement l'art de la diplomatie. C'est qu'en fait, sous prétexte de s'en prendre à un trait de caractère, Molière vise l'influence pernicieuse d'un groupe de pression dont il a été lui-même victime et qui demeure très puissant à la cour. Il les représente sous la figuration subversive d'un Tartuffe luciférien qui revêt de noir son austérité rébarbative ; les dévots sont donc placés devant une image d'eux-mêmes dévalorisante. Par sa duplicité, Tartuffe nuit au bien commun comme les dévots nuisent au royaume : ces derniers prétendent avoir pour mission de veiller à la morale sociale alors qu'en fait ils se comportent souvent comme des espions soupçonneux, portés vers la délation. Tartuffe berne Orgon ; il veut séduire sa femme, épouser sa fille et déposséder le fils. Il sème la discorde dans la famille, parodiant ainsi l'attitude des dévots qui encouragent la sournoiserie et la dénonciation dans la société. À force

*: *Cf.* Glossaire

d'être contre tous les plaisirs et tous les divertissements, les dévots, avec leurs airs funèbres, ne donnent pas le goût du paradis éternel mais plutôt celui de l'enfer.

Tartuffe trouve un complice en ce père qui semble prendre plaisir à être berné, mais qui abuse aussi de son pouvoir. Orgon rejette et dépossède son fils sans remords ; il ne se soucie pas de son épouse qu'il pousse pratiquement dans les bras du diable et il force la main de sa fille, réduite au silence. Or, Molière, en écrivant des comédies, a résolument fait le choix de la joie de vivre… À part Orgon et sa mère, madame Pernelle, les autres personnages incarnent en effet le goût du bonheur allié à un certain matérialisme : l'épouse est coquette, la fille est amoureuse, Dorine assume sa liberté de parole tout en étant prête à pousser Mariane à la révolte. Le fils refuse de se laisser berner et Cléante représente en quelque sorte le modèle de l'honnête homme, tant prisé à l'époque, adepte du juste milieu, à la fois raisonnable et avenant.

Le Tartuffe : une pièce baroque

Molière puise aux sources baroque et classique pour concevoir une pièce qui rompt partiellement avec le comique farcesque* tout en frôlant la gravité propre au genre le plus prestigieux de l'époque, la tragédie. Sous plusieurs aspects, *Le Tartuffe* se rapproche de la tragi-comédie, le genre baroque par excellence. Le côté tragique est illustré notamment par l'atmosphère inquiétante qui entoure la venue de ce personnage plutôt mystérieux, Tartuffe. L'entrée en scène du scélérat est retardée jusqu'au troisième acte, ce qui contrevient aux règles classiques : le personnage principal, qui donne d'ailleurs son titre à la pièce, devrait normalement être présent sur scène dès le premier acte qui sert normalement à présenter les éléments essentiels à la compréhension de l'intrigue. Tartuffe, ce sinistre personnage à l'allure de vampire,

Comique farcesque

Glissement vers le burlesque en s'appuyant sur des situations ou des personnages stéréotypés.

* : *Cf.* Glossaire

qui n'est donc ni héros ni bouffon, n'est réellement pas conçu pour faire rire. Rarement se trouve-t-il à la source du comique dans la pièce. Il contrevient ainsi aux attentes du spectateur, habitué à trouver dans une comédie des pitres qui font rire à force de grimaces, ou des péronnelles qui se ridiculisent en jouant les grandes précieuses.

L'intrigue contribue également à la gravité du propos: cet homme obscur, qui semble jouir d'un pouvoir occulte sur le père Orgon, menace la paix de la famille, mais le danger est encore plus grand puisque tous risquent de sombrer dans l'indigence à cause de la naïveté paternelle. On craint donc les conséquences funestes d'une victoire de l'imposteur.

D'autres aspects de la pièce relèvent aussi de l'esthétique baroque. L'intrigue repose en effet sur un jeu d'apparences trompeuses: Tartuffe a l'allure sévère du véritable dévot, mais ce n'est là qu'apparence. Pour le déjouer, Elmire mise sur la séduction, mais ce n'est là que théâtre. Dans la scène du dépit amoureux*, Mariane et Valère disent le contraire de ce qu'ils pensent. En quelque sorte, ils mettent en scène leur amour. Le lien avec la comédie italienne est d'ailleurs évident: Molière brode ici sur un scénario convenu comme il était habituel de le faire dans la *commedia dell'arte*.

Dépit amoureux

Situation exploitée au théâtre, dans laquelle des amoureux se querellent à la suite d'un malentendu, au point de rompre pour finalement se réconcilier. Titre d'une œuvre de Molière.

La pièce illustre donc plusieurs des caractéristiques du courant baroque: une thématique du paraître et de la métamorphose puisque Tartuffe ne fait que porter le masque de la dévotion: il se transforme rapidement en séducteur concupiscent et en escroc. D'autres personnages simulent des sentiments qu'ils n'éprouvent pas comme Elmire et les jeunes amants, Valère et Mariane. Et, finalement, que sait-on des réels motifs d'Orgon: n'est-il pas le véritable manipulateur qui voudrait arriver à ses fins en passant par Tartuffe, et qui, au bout du compte, se fait prendre à son propre jeu?

*: *Cf.* Glossaire

Le Tartuffe : une pièce classique

D'autres aspects relèvent par contre d'une conception classique du théâtre, notamment le fait de situer en milieu bourgeois une pièce qui se présente comme une comédie. Puis, le fait d'exposer des enjeux concernant la vie privée d'une famille sans aborder le domaine des rapports au pouvoir, ce dernier aspect étant traditionnellement réservé à la tragédie. Le personnage de Cléante représente enfin les valeurs de l'honnête homme : il fait appel au bon sens pour raisonner Orgon. Le dénouement, heureux comme il se doit dans une comédie, s'inscrit tout à fait dans l'esprit de l'époque : Molière fait l'éloge du roi en la personne de l'Exempt qui résout le dilemme et ramène le tout à l'ordre. Molière en profite donc pour avouer son allégeance à Louis XIV. Le théâtre rentre dans le rang : il joue le rôle que lui assigne le monarque, celui de servir sa gloire.

Enfin, la pièce, par son format, fait en quelque sorte connaître les ambitions de Molière. Composée en alexandrins* comme il convient pour une grande comédie, elle est divisée en cinq actes et centrée sur une seule action, soit de démasquer la fausse dévotion du sinistre Tartuffe. Elle se passe en une seule journée, du retour d'Orgon le matin à l'arrestation de Tartuffe le soir. Elle a pour cadre un seul lieu, la salle basse de la maison d'Orgon. Elle respecte donc la règle des trois unités. Par ailleurs, son dénouement imprévisible, avec un personnage sorti de nulle part qui résout les conflits, est aussi habituel dans sa dramaturgie. On parlera dans ce cas d'un dénouement « deus ex machina* », procédé qui remonte au théâtre grec lorsqu'on faisait intervenir les dieux pour régler le désordre des humains. Cette fin relève aussi de la

Alexandrin

Vers de douze syllabes d'usage habituel dans le théâtre classique.

Deus ex machina

Intervention d'un personnage extérieur à l'intrigue à l'image des dieux qui, dans le théâtre antique, venaient sur scène, grâce à une machinerie, pour régler la situation.

*: *Cf.* Glossaire

tradition du théâtre de cette époque par le fait qu'elle est dite « fermée » – puisqu'elle dénoue les fils de l'intrigue – par opposition à une fin « ouverte », qui laisse place à l'imagination du spectateur en laissant une part de l'action en suspens, une part du problème sans solution.

Tout compte fait, la pièce se plie aux normes de la vraisemblance et de la bienséance. Molière présente des personnages crédibles pour l'époque, dont les mœurs correspondent à ceux que l'on s'attend à trouver dans une famille bourgeoise. L'épouse comme les enfants sont en effet soumis à l'autorité du père. Toutefois, le comportement d'Orgon contrevient au sens commun et il faut le ramener vers les saines valeurs de l'honnête homme. La morale est respectée puisque les scènes de séduction ne dépassent pas les frontières de la pudeur, qu'elles ne donnent lieu à aucun déversement mélodramatique, à aucun excès émotif ou sensuel.

Le Tartuffe : une comédie ambitieuse

Molière démontre avec cette pièce qu'il maîtrise désormais tous les registres de la comédie, mais qu'il peut aussi se permettre d'innover. Ainsi, à l'acte I, les réactions emportées de madame Pernelle, de son fils Orgon et de son petit-fils Damis apparentent la pièce à la farce. La complexification du caractère du dévot, la façon que prend Molière pour laisser deviner l'homme et ses passions sous le masque imperturbable de la dévotion relèvent déjà d'une connaissance approfondie de la psychologie humaine. De même, l'aveuglement d'Orgon emprunte d'abord à la démesure pour sombrer ensuite dans le pathétique*. Ces observations poussent à considérer l'œuvre comme une comédie de caractère, centrée sur la description

Pathétique

Qui a pour but d'émouvoir le spectateur, de susciter une émotion intense.

* : *Cf.* Glossaire

de types humains. Or, ce que Molière vise avec son personnage de Tartuffe, c'est une dénonciation de tout un courant de pensée religieuse qui veut s'arroger le droit d'imposer les règles d'une morale sociale. La pièce concilie donc les objectifs de la comédie de caractère avec ceux de la comédie de mœurs.

Par ailleurs, Molière illustre ici sa grande maîtrise de tous les procédés comiques. Le comique de gestes est présent chaque fois qu'un personnage en menace un autre de coups de bâton, comme le font Orgon et Damis aux actes III et V. Orgon, qui se met à genoux (langage corporel) devant Tartuffe l'imposteur, est aussi franchement grotesque.

Molière sait tirer parti du comique de situation* dans la scène du dépit amoureux en employant le procédé du quiproquo alors que Valère et Mariane jouent l'indifférence amoureuse. La scène où Tartuffe avoue son penchant pour Elmire tandis que le mari caché épie les personnages relève aussi du comique de situation.

Le comique de mots exploite toutes les ressources du langage. La répétition de l'expression « pauvre homme » comparable au « sans dot » de *L'avare* et le détournement du langage dévot à des fins de séduction illustrent certaines possibilités du comique de langage*. Dans la première scène notamment, Molière sait utiliser les stichomythies* pour rythmer son dialogue : les répliques, très courtes, sont souvent réduites à une syllabe.

Enfin, malgré les contraintes imposées par l'alexandrin, la langue de Molière, par ses aspects vivant et pittoresque, fait de cette chronique familiale un récit vigoureux et désopilant. Le théâtre de Molière permet aussi de se déplacer dans le temps et dans l'espace et de comparer le mode de vie d'une famille bourgeoise française du XVIIe siècle avec la façon actuelle d'établir des relations d'une part entre mari et femme et, d'autre part, entre parents et enfants dans un cadre familial forcément différent.

Comique de situation

Prend sa source dans un des événements reliés à l'intrigue et qui placent les personnages en situation ridicule.

Comique de langage

Repose sur des jeux de mots.

Stichomythie

Dialogue composé d'une succession de courtes répliques tenant souvent en bribes de phrases.

* : *Cf.* Glossaire

Louis XIV (Roi-Soleil), en costume de ballet. Le Soleil, métaphore du pouvoir royal.

Molière en son temps

	Vie et œuvre de Molière	Événements historiques	Événements culturels et scientifiques
1600			Shakespeare, *Hamlet*.
1605			(⇨ 18) Développement de l'observation des astres : formulation par Kepler des lois du mouvement des planètes ; introduction de la lunette astronomique par Galilée. Malherbe, *Odes*. (⇨ 15) Cervantès, *Don Quichotte*.
1607			Naissance de l'opéra : Monteverdi, *Orfeo*.
1608		Fondation de la ville de Québec.	
1609			Apogée de la peinture baroque flamande : Rubens, *Adoration des mages*.
1610		Assassinat d'Henri IV. (⇨ 17) Régence de Marie de Médicis.	
1617		(⇨ 43) Règne de Louis XIII, le Juste.	
1622	Naissance de Jean-Baptiste Poquelin à Paris.		
1624		(⇨ 42) Richelieu, ministre de Louis XIII.	

	Vie et œuvre de Molière	Événements historiques	Événements culturels et scientifiques
1635		La France s'engage dans la guerre de Trente Ans.	Création de l'Académie française.
1636	Entrée au collège de Clermont.		Corneille, *Le Cid*.
1637			Développement du rationalisme français : Descartes, *Discours de la méthode*.
1642	(⇨ 43) Fondation de l'Illustre-Théâtre. Jean-Baptiste Poquelin devient Molière.	Fondation de Montréal.	Début du classicisme chez les peintres français : Le Brun, Poussin et de Lorrain. (⇨ 87) Développement des sciences mathématiques : invention de la machine à calculer par Pascal.
1643		Mort de Richelieu et de Louis XIII. (⇨ 61) Régence d'Anne d'Autriche et ministère de Mazarin.	
1645	Début des tournées provinciales de Molière.		
1648		(⇨ 52) La Fronde.	
1658	Retour de Molière à Paris.		

	Vie et œuvre de Molière	Événements historiques	Événements culturels et scientifiques
1659	*Les précieuses ridicules.*	Fin de la guerre de Trente Ans.	
1660	*Sganarelle.*		(⇨ 62) Pascal, *Pensées.*
1661		(⇨ 1715) Règne de Louis XIV, Roi-Soleil. Mort de Mazarin.	Début des travaux du palais de Versailles.
1662	*L'école des femmes.* Mariage avec Armande Béjart.		
1664	Interdiction du *Tartuffe.*		Racine, *La thébaïde.*
1665	*Dom Juan.*	Peste de Londres.	La Rochefoucauld, *Maximes.*
1666	*Le misanthrope. Le médecin malgré lui.*	Mort d'Anne d'Autriche.	Boileau, *Satires.*
1667			Milton, *Le paradis perdu.*
1668	*Amphitryon. Georges Dandin. L'avare.*		La Fontaine, *Fables.*
1670	*Le bourgeois gentilhomme.*		

	Vie et œuvre de Molière	Événements historiques	Événements culturels et scientifiques
1671	*Psyché.* *Les fourberies de Scapin.*		(⇨ 1726) Mme de Sévigné, début de sa correspondance, *Lettres.*
1672	*Les femmes savantes.*		(⇨ 77) Mme de La Fayette, *La princesse de Clèves.*
1673	*Le malade imaginaire.* Mort de Molière.		Fondation de l'Académie d'architecture. Premier opéra de Lully.
1674			Boileau, *L'art poétique.*
1677			Racine, *Phèdre.*

Le Tartuffe
ou
l'imposteur

Molière

Premier placet[1]

Présenté au Roi, sur la comédie du *Tartuffe* (1664)

Sire,

Le devoir de la comédie étant de corriger les hommes en les divertissant, j'ai cru que, dans l'emploi[2] où je me trouve, je n'avais rien de mieux à faire que d'attaquer par des peintures ridicules les vices de mon siècle ; et comme l'hypocrisie sans doute en est un des plus en usage, des plus incommodes[3] et des plus dangereux, j'avais eu, Sire, la pensée que je ne rendrais pas un petit service à tous les honnêtes gens de votre royaume, si je faisais une comédie qui décriât les hypocrites, et mît en vue, comme il faut, toutes les grimaces étudiées de ces gens de bien à outrance, toutes les friponneries couvertes de ces faux-monnayeurs en dévotion, qui veulent attraper les hommes avec un zèle contrefait et une charité sophistique[4].

Je l'ai faite, Sire, cette comédie, avec tout le soin, comme je crois, et toutes les circonspections[5] que pouvait demander la délicatesse de la matière ; et pour mieux conserver l'estime et le respect qu'on doit aux vrais dévots, j'en ai distingué le plus que j'ai pu le caractère que j'avais à toucher[6] ; je n'ai point laissé d'équivoque, j'ai ôté ce qui pouvait confondre le bien avec le mal, et ne me suis servi, dans cette peinture, que des couleurs

notes

1. placet : du mot latin *placet* qui signifie « il plaît, il est jugé bon ». Requête adressée à un roi ou à un ministre pour demander justice, se faire accorder une grâce. Le premier placet fut présenté au roi en août 1664, pour répondre au pamphlet de l'abbé Pierre Roullé, *Le roi glorieux au monde.*
2. emploi : situation professionnelle. La troupe de Molière avait le statut officiel de « Troupe de Monsieur », frère du roi.
3. incommodes : insupportables.
4. sophistique : fausse. Dans la Grèce antique (V^e - IVe siècles), les sophistes étaient des maîtres de rhétorique qui enseignaient l'art de parler et de vaincre un adversaire par le discours dans n'importe quelle situation, en usant d'arguments, apparemment justes, mais souvent trompeurs.
5. circonspections : précautions, retenue.
6. toucher : dépeindre.

Premier placet

expresses et des traits essentiels qui font reconnaître d'abord un véritable et franc hypocrite.

Cependant toutes mes précautions ont été inutiles. On a profité, Sire, de la délicatesse de votre âme sur les matières de religion, et l'on a su vous prendre par l'endroit seul que vous êtes prenable, je veux dire par le respect des choses saintes. Les Tartuffes, sous main, ont eu l'adresse de trouver grâce auprès de Votre Majesté, et les originaux, enfin, ont fait supprimer la copie, quelque innocente qu'elle fût, et quelque ressemblante qu'on la trouvât. Bien que ce m'ait été un coup sensible que la suppression de cet ouvrage, mon malheur pourtant était adouci par la manière dont Votre Majesté s'était expliquée sur ce sujet; et j'ai cru, Sire, qu'elle m'ôtait tout lieu de me plaindre, ayant eu la bonté de déclarer qu'elle ne trouvait rien à dire dans cette comédie qu'elle me défendait de produire en public.

Mais malgré cette glorieuse déclaration du plus grand roi du monde et du plus éclairé, malgré l'approbation encore de monsieur le légat[1] et de la plus grande partie de messieurs les prélats[2], qui tous, dans des lectures particulières que je leur ai faites de mon ouvrage, se sont trouvés d'accord avec les sentiments de Votre Majesté, malgré tout cela, dis-je, on voit un livre composé par le curé de ...[3], qui donne hautement un démenti à tous ces augustes témoignages. Votre Majesté a beau dire, et monsieur le légat et messieurs les prélats ont beau donner leur jugement: ma comédie, sans l'avoir vue, est diabolique, et diabolique mon cerveau; je suis un démon vêtu de chair et habillé en homme, un libertin[4], un impie digne d'un supplice exemplaire. Ce n'est pas

notes

1. légat: ambassadeur. Il s'agit du cardinal Chigi, neveu du pape Alexandre VII, envoyé par ce dernier en France. Il appuyait Molière.

2. prélats: hauts dignitaires ecclésiastiques (cardinal, archevêque, etc.).

3. curé de ...: Pierre Roullé, curé de la paroisse Saint-Barthélemy.

4. libertin: au XVIIe siècle, libre penseur, esprit fort. Au sens moral, ce terme désigne une personne aux mœurs déréglées.

assez que le feu expie en public mon offense, j'en serais quitte à trop bon marché : le zèle charitable de ce galant homme de bien n'a garde de demeurer là : il ne veut point que j'aie de miséricorde auprès de Dieu, il veut absolument que je sois damné, c'est une affaire résolue.

Ce livre, Sire, a été présenté à Votre Majesté ; et sans doute elle juge bien elle-même combien il m'est fâcheux de me voir exposé tous les jours aux insultes de ces messieurs ; quel sort me feront dans le monde de telles calomnies, s'il faut qu'elles soient tolérées, et quel intérêt j'ai enfin à me purger[1] de son imposture et à faire voir au public que ma comédie n'est rien moins que ce qu'on veut qu'elle soit. Je ne dirai point, Sire, ce que j'avais à demander pour ma réputation, et pour justifier à tout le monde l'innocence de mon ouvrage : les rois éclairés comme vous n'ont pas besoin qu'on leur marque ce qu'on souhaite ; ils voient, comme Dieu, ce qu'il nous faut, et savent mieux que nous ce qu'ils nous doivent accorder. Il me suffit de mettre mes intérêts entre les mains de Votre Majesté, et j'attends d'elle avec respect tout ce qu'il lui plaira d'ordonner là-dessus.

note

1. **purger** : débarrasser, disculper.

Second placet[1]

PRÉSENTÉ AU ROI, DANS SON CAMP
DEVANT LA VILLE DE LILLE EN FLANDRE
(1667)

SIRE,

C'est une chose bien téméraire à moi que de venir importuner un grand monarque au milieu de ses glorieuses conquêtes ; mais, dans l'état où je me vois, où trouver, Sire, une protection qu'[2]au lieu où je la viens chercher ? et qui puis-je solliciter, contre l'autorité de la puissance[3], qui m'accable, que la source de la puissance et de l'autorité, que le juste dispensateur des ordres absolus, que le souverain juge et le maître de toutes choses ? Ma comédie, Sire, n'a pu jouir ici des bontés de Votre Majesté. En vain je l'ai produite sous le titre de *L'Imposteur*, et déguisé le personnage sous l'ajustement d'un homme du monde ; j'ai eu beau lui donner un petit chapeau, de grands cheveux, un grand collet[4], une épée, et des dentelles sur tout l'habit, mettre en plusieurs endroits des adoucissements, et retrancher avec soin tout ce que j'ai jugé capable de fournir l'ombre d'un prétexte aux célèbres originaux du portrait que je voulais faire : tout cela n'a de rien servi. La cabale[5] s'est réveillée aux simples conjectures qu'ils ont pu avoir de la chose. Ils ont trouvé moyen de surprendre des esprits qui, dans toute autre matière, font une haute

notes

1. Second placet : le deuxième placet fut présenté au roi en août1667 par La Grange et La Thorillière qui étaient acteurs dans la troupe de Molière. *Tartuffe*, devenu *Panulphe ou l'imposteur* dans sa deuxième version, avait été interdit de scène.

2. qu' : sinon.

3. puissance : celle de Lamoignon, premier président du Parlement de Paris qui suspend les représentations de la pièce le 6 août 1667.

4. collet : partie du vêtement qui entoure le cou. Le petit collet est porté par les clercs (gens d'Église qui n'avaient pas reçu l'ordination ou prononcé des vœux complets), le grand collet par les mondains. Panulphe n'est plus homme d'Église, il est devenu un homme du monde.

5. cabale : manœuvres secrètes contre quelqu'un ou quelque chose (ici, association de ceux qui se livrent à ces manœuvres : la Compagnie du Saint-Sacrement de l'Autel fondée en 1629, *cf.* p. 6, 13 et 30).

profession de ne se point laisser surprendre. Ma comédie n'a pas plus tôt paru, qu'elle s'est vue foudroyée par le coup d'un pouvoir[1] qui doit imposer du respect ; et tout ce que j'ai pu faire en cette rencontre, pour me sauver moi-même de l'éclat de cette tempête, c'est de dire que Votre Majesté avait eu la bonté de m'en permettre la représentation, et que je n'avais pas cru qu'il fût besoin de demander cette permission à d'autres, puisqu'il n'y avait qu'elle seule qui me l'eût défendue.

Je ne doute point, Sire, que les gens que je peins dans ma comédie ne remuent bien des ressorts[2] auprès de Votre Majesté, et ne jettent dans leur parti[3], comme ils ont déjà fait, de véritables gens de bien, qui sont d'autant plus prompts à se laisser tromper, qu'ils jugent d'autrui par eux-mêmes. Ils ont l'art de donner de belles couleurs à toutes leurs intentions ; quelque mine qu'ils fassent, ce n'est point du tout l'intérêt de Dieu qui les peut émouvoir ; ils l'ont assez montré dans les comédies qu'ils ont souffert[4] qu'on ait jouées tant de fois en public sans en dire le moindre mot. Celles-là n'attaquaient que la piété et la religion, dont ils se soucient fort peu ; mais celle-ci les attaque et les joue eux-mêmes, et c'est ce qu'ils ne peuvent souffrir. Ils ne sauraient me pardonner de dévoiler leurs impostures aux yeux de tout le monde. Et sans doute on ne manquera pas de dire à Votre Majesté que chacun s'est scandalisé de ma comédie. Mais la vérité pure, Sire, c'est que tout Paris ne s'est scandalisé que de la défense qu'on en a faite, que les plus scrupuleux en ont trouvé la représentation profitable, et qu'on s'est étonné que des personnes d'une probité si connue aient eu une si grande déférence

notes

1. **pouvoir** : celui de l'Église en la personne de l'archevêque Beaumont de Hardouin de Péréfixe, ancien précepteur de Louis XIV. Le 11 août 1667, il interdit toutes les représentations publiques ou privées de *Panulphe*.

2. **ressorts** : machinations plus ou moins secrètes destinées à faire réussir une intrigue.

3. **parti** : clan, association de personnes unies par des intérêts communs (ici, la Compagnie du Saint-Sacrement de l'Autel, citée plus haut).

4. **souffert** : supporté, toléré.

pour des gens qui devraient être l'horreur de tout le monde et sont si opposés à la véritable piété dont elles font profession. J'attends avec respect l'arrêt que Votre Majesté daignera prononcer sur cette matière ; mais il est très assuré, Sire, qu'il ne faut plus que je songe à faire des comédies si les Tartuffes ont l'avantage, qu'ils prendront droit par là de me persécuter plus que jamais, et voudront trouver à redire aux choses les plus innocentes qui pourront sortir de ma plume. Daignent vos bontés, Sire, me donner une protection contre leur rage envenimée ; et puissé-je, au retour d'une campagne si glorieuse, délasser Votre Majesté des fatigues de ses conquêtes, lui donner d'innocents plaisirs après de si nobles travaux, et faire rire le monarque qui fait trembler toute l'Europe !

Troisième placet[1]

PRÉSENTÉ AU ROI
(1669)

SIRE,

Un fort honnête médecin[2], dont j'ai l'honneur d'être le malade, me promet et veut s'obliger par-devant notaires de me faire vivre encore trente années, si je puis lui obtenir une grâce de Votre Majesté. Je lui ai dit, sur sa promesse, que je ne lui demandais pas tant, et que je serais satisfait de lui pourvu qu'il s'obligeât de ne me point tuer. Cette grâce, Sire, est un canonicat[3] de votre chapelle royale de Vincennes, vacant par la mort de…

Oserais-je demander encore cette grâce à Votre Majesté, le propre jour de la grande résurrection de *Tartuffe*, ressuscité par vos bontés ? Je suis, par cette première faveur, réconcilié avec les dévots ; et je le serais, par cette seconde, avec les médecins. C'est pour moi sans doute trop de grâces à la fois ; mais peut-être n'en est-ce pas trop pour Votre Majesté ; et j'attends, avec un peu d'espérance respectueuse, la réponse de[4] mon placet.

notes

1. Troisième placet : il fut présenté au roi le 5 février 1669 après la représentation ce même jour du *Tartuffe*. C'est un placet triomphal.

2. médecin : monsieur de Mauvillain, doyen de la Faculté. C'est pour son fils que Molière sollicite un canonicat.

3. canonicat : dignité, office et bénéfice de chanoine.

4. de : à.

Voici une comédie dont on a fait beaucoup de bruit, qui a été longtemps persécutée ; et les gens qu'elle joue ont bien fait voir qu'ils étaient plus puissants en France que tous ceux que j'ai joués jusques ici. Les marquis, les précieuses[1], les cocus et les médecins ont souffert doucement[2] qu'on les ait représentés, et ils ont fait semblant de se divertir, avec tout le monde, des peintures que l'on a faites d'eux ; mais les hypocrites[3] n'ont point entendu raillerie ; ils se sont effarouchés d'abord, et ont trouvé étrange que j'eusse la hardiesse de jouer leurs grimaces, et de vouloir décrier un métier dont tant d'honnêtes gens se mêlent. C'est un crime qu'ils ne sauraient me pardonner ; et ils se sont tous armés contre ma comédie avec une fureur épouvantable. Ils n'ont eu garde de l'attaquer par le côté qui les a

notes

1. **précieuses :** mot qui désigne des femmes qui, au XVIIe siècle, adoptèrent une attitude raffinée envers les sentiments ainsi qu'un langage recherché. Elles créèrent des salons et cercles littéraires (entre autres le salon de mademoiselle de Scudéry et l'Hôtel de Rambouillet). Molière les met en scène dans *Les précieuses ridicules*, en 1659.
2. **doucement :** sans s'indigner.
3. **hypocrites :** du grec *upocritès* qui signifie « comédien » ; ceux qui jouent, qui trompent ; fourbes et imposteurs. Molière désigne ici les directeurs de conscience.

blessés ; ils sont trop politiques pour cela, et savent trop bien vivre pour découvrir le fond de leur âme. Suivant leur louable coutume, ils ont couvert leurs intérêts de la cause de Dieu ; et *Le Tartuffe*, dans leur bouche, est une pièce qui offense la piété. Elle est, d'un bout à l'autre, pleine d'abominations, et l'on n'y trouve rien qui ne mérite le feu. Toutes les syllabes en sont impies ; les gestes même y sont criminels ; et le moindre coup d'œil, le moindre branlement de tête, le moindre pas à droite ou à gauche, y cache des mystères qu'ils trouvent moyen d'expliquer à mon désavantage. J'ai eu beau la soumettre aux lumières de mes amis, et à la censure de tout le monde : les corrections que j'ai pu faire, le jugement du Roi et de la Reine, qui l'ont vue, l'approbation des grands princes[1] et de messieurs les ministres[2], qui l'ont honorée publiquement de leur présence, le témoignage des gens de bien[3], qui l'ont trouvée profitable, tout cela n'a de rien servi. Ils n'en veulent point démordre ; et tous les jours encore, ils font crier en public des zélés indiscrets[4], qui me disent des injures pieusement et me damnent par charité.

Je me soucierais fort peu de tout ce qu'ils peuvent dire, n'était l'artifice qu'ils ont de me faire des ennemis que je respecte, et de jeter dans leur parti de véritables gens de biens, dont ils préviennent la bonne foi, et qui, par la chaleur qu'ils ont pour les intérêts du Ciel[5], sont faciles à recevoir[6] les impressions qu'on veut leur donner. Voilà ce qui m'oblige à me défendre. C'est aux vrais dévots que je veux partout me justifier sur la conduite de ma comédie ; et je les conjure de tout mon cœur de ne point condamner les choses avant que de les voir, de se défaire de toute prévention[7] et de ne point servir la passion de ceux dont les grimaces les déshonorent.

notes

1. grands princes : Monsieur, frère du roi, le prince de Condé, le duc d'Enghien.
2. ministres : chefs des grands services publics. Sous Louis XIV, Louvois ou Colbert.
3. gens de bien : Bossuet et Lamoignon.
4. indiscrets : bruyants.
5. Ciel : Dieu.
6. sont faciles à recevoir : reçoivent facilement.
7. prévention : préjugé.

Si l'on prend la peine d'examiner de bonne foi ma comédie, on verra sans doute que mes intentions y sont partout innocentes, et qu'elle ne tend nullement à jouer les choses que l'on doit révérer, que je l'ai traitée avec toutes les précautions que demandait la délicatesse de la matière, et que j'ai mis tout l'art et tous les soins qu'il m'a été possible pour bien distinguer le personnage de l'hypocrite d'avec celui du vrai dévot. J'ai employé pour cela deux actes entiers à préparer la venue de mon scélérat. Il ne tient pas un seul moment l'auditeur en balance ; on le connaît d'abord aux marques que je lui donne ; et d'un bout à l'autre il ne dit pas un mot, il ne fait pas une action qui ne peigne aux spectateurs le caractère d'un méchant homme, et ne fasse éclater celui du véritable homme de bien que je lui oppose[1].

Je sais bien que pour réponse ces messieurs tâchent d'insinuer que ce n'est point au théâtre à parler de ces matières ; mais je leur demande, avec leur permission, sur quoi ils fondent cette belle maxime. C'est une proposition qu'ils ne font que supposer et qu'ils ne prouvent en aucune façon ; et sans doute il ne serait pas difficile de leur faire voir que la comédie[2], chez les Anciens, a pris son origine de la religion, et faisait partie de leurs mystères ; que les Espagnols, nos voisins, ne célèbrent guère de fête où la comédie ne soit mêlée ; et que, même parmi nous, elle doit sa naissance aux soins d'une confrérie[3] à qui appartient encore aujourd'hui l'Hôtel de Bourgogne[4], que c'est un lieu qui fut donné pour y représenter les plus importants mystères de notre

notes

1. du véritable homme de bien que je lui oppose : il s'agit de Cléante, le frère d'Orgon.
2. comédie : théâtre.
3. confrérie : la confrérie des Frères de la Passion, fondée en 1402 pour représenter « quelque mystère que ce soit de la Passion ou de la Résurrection ». Ils avaient le privilège exclusif des représentations théâtrales à Paris.
4. Hôtel de Bourgogne : salle de théâtre parisienne possédée jusqu'en 1599 par la confrérie des Frères de la Passion. Elle est ensuite cédée à Alexandre Hardy, spécialisé dans la tragédie. Sa troupe devient, en 1628, troupe royale.

foi ; qu'on en voit encore des comédies imprimées en lettres gothiques, sous le nom d'un docteur de Sorbonne[1] ; et, sans aller chercher si loin, que l'on a joué de notre temps des pièces saintes de M. de Corneille[2], qui ont été l'admiration de toute la France.

Si l'emploi de la comédie est de corriger les vices des hommes, je ne vois pas pour quelle raison il y aura des privilégiés. Celui-ci est, dans l'État, d'une conséquence bien plus dangereuse que tous les autres ; et nous avons vu que le théâtre a une grande vertu pour la correction. Les plus beaux traits d'une sérieuse morale sont moins puissants, le plus souvent, que ceux de la satire ; et rien ne reprend mieux la plupart des hommes que la peinture de leurs défauts. C'est une grande atteinte aux vices que de les exposer à la risée de tout le monde. On souffre aisément des répréhensions[3], mais on ne souffre point la raillerie. On veut bien être méchant, mais on ne veut point être ridicule. On me reproche d'avoir mis des termes de piété dans la bouche de mon Imposteur. Et pouvais-je m'en empêcher, pour bien représenter le caractère d'un hypocrite ? Il suffit, ce me semble, que je fasse connaître les motifs criminels qui lui font dire les choses, et que j'en aie retranché les termes consacrés, dont on aurait eu peine à lui entendre faire un mauvais usage. Mais il débite au quatrième acte une morale pernicieuse[4]. Mais cette morale est-elle quelque chose dont tout le monde n'eût les oreilles rebattues ? Dit-elle rien de nouveau dans ma comédie ? Et peut-on craindre que des choses si généralement détestées fassent quelque impression dans les esprits, que je les rende dangereuses en les faisant monter sur le théâtre, qu'elles reçoi-

notes

1. docteur de Sorbonne : allusion à Jehan Michel, docteur en médecine, auteur d'un *Mystère de la Résurrection.*
2. pièces saintes de M. de Corneille : Molière fait référence à deux tragédies, *Polyeucte* (1642) et *Théodore, vierge et martyre* (1645).
3. répréhensions : réprimandes.
4. pernicieuse : nuisible.

vent quelque autorité de la bouche d'un scélérat ? Il n'y a nulle apparence à cela ; et l'on doit approuver la comédie du *Tartuffe*, ou condamner généralement toutes les comédies.

C'est à quoi l'on s'attache furieusement depuis un temps, et jamais on ne s'était si fort déchaîné contre le théâtre[1]. Je ne puis pas nier qu'il n'y ait eu des Pères de l'Église qui ont condamné la comédie ; mais on ne peut pas me nier aussi qu'il n'y en ait eu quelques-uns qui l'ont traitée un peu plus doucement. Ainsi l'autorité dont on prétend appuyer la censure est détruite par ce partage ; et toute la conséquence qu'on peut tirer de cette diversité d'opinions en des esprits éclairés des mêmes lumières, c'est qu'ils ont pris la comédie différemment, et que les uns l'ont considérée dans sa pureté, lorsque les autres l'ont regardée dans sa corruption et confondue avec tous ces vilains spectacles qu'on a eu raison de nommer les spectacles de turpitude[2].

Et en effet, puisqu'on doit discourir des choses et non pas des mots, et que la plupart des contrariétés viennent de ne se pas entendre et d'envelopper dans un même mot des choses opposées, il ne faut qu'ôter le voile de l'équivoque et regarder ce qu'est la comédie en soi, pour voir si elle est condamnable. On connaîtra sans doute que, n'étant autre chose qu'un poème ingénieux qui, par des leçons agréables, reprend les défauts des hommes, on ne saurait la censurer sans injustice. Et si nous voulons ouïr là-dessus le témoignage de l'Antiquité, elle nous dira que ses plus célèbres philosophes ont donné des louanges à la comédie, eux qui faisaient profession d'une sagesse si austère, et qui criaient sans cesse après les vices de leur siècle ; elle nous fera voir qu'Aristote[3] a consacré des veilles au théâtre, et s'est donné

notes

1. **contre le théâtre :** le théâtre était alors attaqué tant par Bossuet (1627-1704) que par le janséniste Nicole et le prince de Conti, ancien protecteur de Molière.

2. **turpitude :** honte (expression de saint Augustin).

3. **Aristote :** allusion à la *Poétique* de ce philosophe grec (384-322 av. J.-C.).

le soin de réduire en préceptes l'art de faire des comédies ; elle nous apprendra que de ses plus grands hommes, et des premiers en dignité, ont fait gloire d'en composer eux-mêmes, qu'il y en a eu d'autres qui n'ont pas dédaigné de réciter en public celles qu'ils avaient composées, que la Grèce a fait pour cet art éclater son estime par les prix glorieux et par les superbes théâtres dont elle a voulu l'honorer, et que, dans Rome enfin, ce même art a reçu aussi des honneurs extraordinaires : je ne dis pas dans Rome débauchée et sous la licence des empereurs, mais dans Rome disciplinée, sous la sagesse des consuls, et dans le temps de la vigueur de la vertu romaine.

J'avoue qu'il y a eu des temps où la comédie s'est corrompue. Et qu'est-ce que dans le monde on ne corrompt point tous les jours ? Il n'y a chose si innocente où les hommes ne puissent porter du crime, point d'art si salutaire dont ils ne soient capables de renverser les intentions, rien de si bon en soi qu'ils ne puissent tourner à de mauvais usages. La médecine est un art profitable, et chacun la révère comme une des plus excellentes choses que nous ayons ; et cependant il y a eu des temps où elle s'est rendue odieuse, et souvent on en a fait un art d'empoisonner les hommes. La philosophie est un présent du Ciel ; elle nous a été donnée pour porter nos esprits à la connaissance d'un Dieu par la contemplation des merveilles de la nature ; et pourtant on n'ignore pas que souvent on l'a détournée de son emploi, et qu'on l'a occupée publiquement à soutenir l'impiété. Les choses même les plus saintes ne sont point à couvert de la corruption des hommes ; et nous voyons des scélérats qui, tous les jours, abusent de la piété, et la font servir méchamment aux crimes les plus grands. Mais on ne laisse pas pour cela de faire les distinctions qu'il est besoin de faire ; on n'enveloppe point, dans une fausse conséquence, la bonté des choses que l'on corrompt avec la malice des corrupteurs ; on sépare toujours le mauvais usage d'avec l'intention de l'art ; et comme on ne s'avise point de défendre la médecine, pour avoir été bannie de Rome[1], ni la philosophie, pour avoir été condamnée publiquement dans Athènes[2], on ne doit point aussi vouloir interdire la comédie, pour avoir été censurée en de certains temps. Cette censure a eu ses raisons, qui ne subsistent point ici ; elle s'est renfermée dans ce qu'elle a pu voir ; et nous ne devons point la tirer des bornes qu'elle s'est données, l'étendre plus loin qu'il ne faut, et lui faire embrasser l'innocent avec le coupable. La comédie qu'elle a eu dessein d'attaquer n'est point du tout la comédie que nous voulons défendre. Il se faut bien garder de confondre celle-là avec celle-ci. Ce sont deux personnes de qui les mœurs sont tout à fait opposées ; elle n'ont aucun rapport l'une avec l'autre que la ressemblance du nom ; et ce serait une injustice épouvantable que de vouloir condamner Olimpe qui est femme de bien, parce qu'il y a eu une Olimpe qui a été une débauchée. De semblables arrêts, sans doute, feraient un grand désordre dans le monde. Il n'y aurait rien par là qui ne fût condamné ; et puisque l'on ne garde point cette rigueur à tant de choses dont on abuse tous les jours, on doit bien faire la même grâce à la comédie, et approuver les pièces de théâtre où l'on verra régner l'instruction et l'honnêteté.

Je sais qu'il y a des esprits[3], dont la délicatesse[4] ne peut souffrir aucune comédie, qui disent que les plus honnêtes sont les plus dangereuses, que les passions que l'on y dépeint sont d'autant plus touchantes qu'elles sont pleines de vertu, et que les âmes sont attendries par ces sortes de représentations. Je ne vois pas

notes

1. Rome: les Romains chassèrent d'Italie les Grecs et les médecins (Pline, *Histoire naturelle*, livre V, chapitre 8).

2. Athènes: allusion à la condamnation du philosophe grec Socrate (470-399 av. J.-C.).

3. esprits: Pascal, Bossuet, les théologiens.

4. délicatesse: susceptibilité.

quel grand crime c'est que de s'attendrir à la vue d'une passion honnête ; et c'est un haut étage de vertu que cette pleine insensibilité où ils veulent faire monter notre âme. Je doute qu'une si grande perfection soit dans les forces de la nature humaine ; et je ne sais s'il n'est pas mieux de travailler à rectifier et adoucir les passions des hommes, que de vouloir les retrancher entièrement. J'avoue qu'il y a des lieux qu'il vaut mieux fréquenter que le théâtre ; et si l'on veut blâmer toutes les choses qui ne regardent pas directement Dieu et notre salut, il est certain que la comédie en doit être, et je ne trouve point mauvais qu'elle soit condamnée avec le reste. Mais supposé, comme il est vrai, que les exercices de la piété souffrent des intervalles et que les hommes aient besoin de divertissement, je soutiens qu'on ne leur en peut trouver un qui soit plus innocent que la comédie. Je me suis étendu trop loin. Finissons par un mot d'un grand prince[1] sur la comédie du *Tartuffe*.

Huit jours après qu'elle eut été défendue, on représenta devant la cour une pièce intitulée *Scaramouche ermite*[2], et le Roi, en sortant, dit au grand prince que je veux dire : « Je voudrais bien savoir pourquoi les gens qui se scandalisent si fort de la comédie de Molière ne disent mot de celle de *Scaramouche*. » À quoi le Prince répondit : « La raison de cela, c'est que la comédie de *Scaramouche* joue le Ciel et la religion, dont ces messieurs-là ne se soucient point ; mais celle de Molière les joue eux-mêmes : c'est ce qu'ils ne peuvent souffrir. »

notes

1. **un grand prince** : Condé, chez qui eut lieu la première représentation du *Tartuffe* en cinq actes.
2. ***Scaramouche ermite*** : canevas disparu de farce italienne. Selon Voltaire, elle mettait en scène un « ermite vêtu en moine » qui visitait de nuit une femme mariée en disant : « ceci est pour mortifier la chair ».

Molière lisant *Le Tartuffe* chez Ninon de Lenclos, à l'hôtel de la rue des Tournelles. Tableau de Leyendecker.

Personnages

MADAME PERNELLE, *mère d'Orgon*

ORGON, *mari d'Elmire*

ELMIRE, *femme d'Orgon*

DAMIS, *fils d'Orgon*

MARIANE, *fille d'Orgon et amante de Valère*

VALÈRE, *amant de Mariane*

CLÉANTE, *beau-frère d'Orgon*

TARTUFFE, *faux dévot*

DORINE, *suivante de Mariane*

M. LOYAL, *sergent*

UN EXEMPT

FLIPOTE, *servante de Mme Pernelle*

La scène est à Paris, dans la maison d'Orgon.

Scène 1

MADAME PERNELLE et FLIPOTE sa servante, ELMIRE, MARIANE, DORINE, DAMIS, CLÉANTE

passage analysé

MADAME PERNELLE

Allons, Flipote, allons, que d'eux je me délivre.

ELMIRE

Vous marchez d'un tel pas qu'on a peine à vous suivre.

MADAME PERNELLE

Laissez, ma bru, laissez, ne venez pas plus loin :
Ce sont toutes façons dont je n'ai pas besoin.

ELMIRE

De ce que l'on vous doit envers vous on s'acquitte.
Mais, ma mère, d'où vient que vous sortez si vite ?

passage analysé

MADAME PERNELLE

C'est que je ne puis voir tout ce ménage[1]-ci,
Et que de me complaire on ne prend nul souci.
Oui, je sors de chez vous fort mal édifiée :
Dans toutes mes leçons j'y suis contrariée,
On n'y respecte rien, chacun y parle haut,
Et c'est tout justement la cour du roi Pétaut[2].

DORINE

Si...

MADAME PERNELLE

Vous êtes, mamie[3], une fille suivante[4]
Un peu trop forte en gueule, et fort impertinente :
Vous vous mêlez sur tout de dire votre avis.

DAMIS

Mais...

MADAME PERNELLE

Vous êtes un sot en trois lettres, mon fils ;
C'est moi qui vous le dis, qui suis votre grand-mère ;
Et j'ai prédit cent fois à mon fils, votre père,
Que vous preniez tout l'air d'un méchant garnement,
Et ne lui donneriez jamais que du tourment.

MARIANE

Je crois...

MADAME PERNELLE

Mon Dieu, sa sœur, vous faites la discrette[5],

notes

1. **ménage** : désordre.
2. **la cour du roi Pétaut** : le roi Pétaut, roi des mendiants, était peu respecté par ses sujets. Madame Pernelle signifie ici que dans la maison de son fils règne l'anarchie.
3. **mamie** : mon amie ; se dit en parlant des servantes (familier).
4. **fille suivante** : demoiselle de compagnie.
5. **discrette** : réservée ; rime pour l'œil, c'est-à-dire effet de rime visuel.

Et vous n'y touchez pas, tant vous semblez doucette ;
Mais il n'est, comme on dit, pire eau que l'eau qui dort,
Et vous menez sous chape[1] un train[2] que je hais fort.

ELMIRE

Mais, ma mère…

MADAME PERNELLE

Ma bru, qu'il ne vous en déplaise,
Votre conduite en tout est tout à fait mauvaise ;
Vous devriez leur mettre un bon exemple aux yeux,
Et leur défunte mère en usait beaucoup mieux.
Vous êtes dépensière ; et cet état[3] me blesse,
Que vous alliez vêtue ainsi qu'une princesse.
Quiconque à son mari veut plaire seulement,
Ma bru, n'a pas besoin de tant d'ajustement[4].

passage analysé

CLÉANTE

Mais, madame, après tout…

MADAME PERNELLE

Pour vous, monsieur son frère,
Je vous estime fort, vous aime, et vous révère ;
Mais enfin, si j'étais de mon fils, son époux,
Je vous prierais bien fort de n'entrer point chez nous.
Sans cesse vous prêchez des maximes de vivre
Qui par d'honnêtes gens ne se doivent point suivre.
Je vous parle un peu franc ; mais c'est là mon humeur,
Et je ne mâche point ce que j'ai sur le cœur.

DAMIS

Votre monsieur Tartuffe est bien heureux sans doute…

notes

1. **sous chape :** en secret, sous cape. La cape couvrait la tête et le corps.
2. **train :** mode de vie tapageur.
3. **état :** toilette.
4. **ajustement :** parure.

passage analysé

MADAME PERNELLE

C'est un homme de bien, qu'il faut que l'on écoute ;
Et je ne puis souffrir sans me mettre en courroux[1]
De le voir querellé par un fou comme vous.

DAMIS

Quoi ? je souffrirai, moi, qu'un cagot[2] de critique
Vienne usurper céans[3] un pouvoir tyrannique,
Et que nous ne puissions à rien nous divertir[4],
Si ce beau monsieur-là n'y daigne consentir ?

DORINE

S'il le faut écouter et croire à ses maximes,
On ne peut faire rien qu'[5]on ne fasse des crimes ;
Car il contrôle tout, ce critique zélé.

MADAME PERNELLE

Et tout ce qu'il contrôle est fort bien contrôlé.
C'est au chemin du Ciel qu'il prétend vous conduire,
Et mon fils à l'aimer vous devrait tous induire[6].

DAMIS

Non, voyez-vous, ma mère, il n'est père ni rien
Qui me puisse obliger à lui vouloir du bien :
Je trahirais mon cœur de parler d'autre sorte ;
Sur ses façons de faire à tous coups je m'emporte ;
J'en prévois une suite, et qu'avec ce pied-plat[7]
Il faudra que j'en vienne à quelque grand éclat[8].

notes

1. courroux : colère.
2. cagot : qui affecte une dévotion outrée et hypocrite.
3. céans : dans cette maison, ici.
4. à rien nous divertir : aucunement nous distraire.
5. rien qu' : rien sans que.
6. induire : conduire, amener.
7. pied-plat : personne grossière (en référence aux paysans qui portaient des souliers sans talons hauts).
8. éclat : scandale, bruit scandaleux.

passage analysé

DORINE

Certes, c'est une chose aussi qui scandalise,
De voir qu'un inconnu céans s'impatronise[1],
Qu'un gueux qui, quand il vint, n'avait pas de souliers
Et dont l'habit entier valait bien six deniers[2],
En vienne jusque-là que de se méconnaître,
De contrarier tout, et de faire le maître.

MADAME PERNELLE

Hé ! merci de ma vie[3] ! il en irait bien mieux,
Si tout se gouvernait par ses ordres pieux.

DORINE

Il passe pour un saint dans votre fantaisie :
Tout son fait[4], croyez-moi, n'est rien qu'hypocrisie.

MADAME PERNELLE

Voyez la langue !

DORINE

À lui, non plus qu'à son Laurent,
Je ne me fierais, moi, que sur un bon garant.

MADAME PERNELLE

J'ignore ce qu'au fond le serviteur peut être ;
Mais pour homme de bien je garantis le maître.
Vous ne lui voulez mal et ne le rebutez
Qu'à cause qu'il vous dit à tous vos vérités.
C'est contre le péché que son cœur se courrouce[5],
Et l'intérêt du Ciel est tout ce qui le pousse.

notes

1. s'impatronise : s'établit en maître.
2. deniers : ancienne monnaie romaine puis française, valant la moitié d'un sou.
3. merci de ma vie ! : que Dieu ait pitié de ma vie ! (Manière de jurer chez une femme du peuple.)
4. Tout son fait : tous ses actes, son comportement.
5. se courrouce : se met en colère.

DORINE

Oui ; mais pourquoi, surtout depuis un certain temps,
Ne saurait-il souffrir qu'aucun hante céans[1] ?
En quoi blesse le Ciel une visite honnête,
Pour en faire un vacarme à nous rompre la tête ?
Veut-on que là-dessus je m'explique entre nous ?
Je crois que de madame il est, ma foi, jaloux.

MADAME PERNELLE

Taisez-vous, et songez aux choses que vous dites.
Ce n'est pas lui tout seul qui blâme ces visites.
Tout ce tracas qui suit les gens que vous hantez[2],
Ces carrosses sans cesse à la porte plantés,
Et de tant de laquais le bruyant assemblage
Font un éclat fâcheux[3] dans tout le voisinage.
Je veux croire qu'au fond il ne se passe rien ;
Mais enfin on en parle, et cela n'est pas bien.

CLÉANTE

Hé ! voulez-vous, madame, empêcher qu'on ne cause ?
Ce serait dans la vie une fâcheuse chose,
Si pour les sots discours où l'on peut être mis,
Il fallait renoncer à ses meilleurs amis.
Et quand même on pourrait se résoudre à le faire,
Croiriez-vous obliger tout le monde à se taire ?
Contre la médisance[4] il n'est point de rempart.
À tous les sots caquets[5] n'ayons donc nul égard ;
Efforçons-nous de vivre avec toute innocence,
Et laissons aux causeurs une pleine licence.

passage analysé

notes

1. qu'aucun hante céans : que personne ne fréquente cette demeure.

2. hantez : fréquentez.

3. fâcheux : importun.

4. médisance : calomnie au XVIIe siècle.

5. caquets : propos médisants, bavardage déplacé.

DORINE

Daphné, notre voisine, et son petit époux
Ne seraient-ils point ceux qui parlent mal de nous ?
Ceux de qui la conduite offre le plus à rire
Sont toujours sur autrui les premiers à médire ;
Ils ne manquent jamais de saisir promptement
L'apparente lueur du moindre attachement,
D'en semer la nouvelle avec beaucoup de joie,
Et d'y donner le tour qu'ils veulent qu'on y croie :
Des actions d'autrui, teintes de leurs couleurs[1].
Ils pensent dans le monde autoriser les leurs,
Et sous le faux espoir de quelque ressemblance,
Aux intrigues qu'ils ont donner de l'innocence,
Ou faire ailleurs tomber quelques traits[2] partagés
De ce blâme public dont ils sont trop chargés.

passage analysé

MADAME PERNELLE

Tous ces raisonnements ne font rien à l'affaire.
On sait qu'Orante[3] mène une vie exemplaire :
Tous ses soins vont au Ciel ; et j'ai su par des gens
Qu'elle condamne fort le train[4] qui vient céans.

DORINE

L'exemple est admirable, et cette dame est bonne !
Il est vrai qu'elle vit en austère personne ;
Mais l'âge dans son âme a mis ce zèle ardent,
Et l'on sait qu'elle est prude[5] à son corps défendant.
Tant qu'elle a pu des cœurs attirer les hommages,
Elle a fort bien joui de tous ses avantages ;

notes

1. teintes de leurs couleurs : dépeintes selon leur fantaisie.
2. traits : mauvais, méchants tours.
3. Orante : celle qui prie (du latin *orare* qui signifie « prier »).
4. train : l'affluence des visiteurs.
5. prude : excessivement réservée.

Mais, voyant de ses yeux tous les brillants baisser,
Au monde, qui la quitte, elle veut renoncer,
Et du voile pompeux d'une haute sagesse
De ses attraits usés déguiser la faiblesse,
Ce sont là les retours[1] des coquettes du temps.
Il leur est dur de voir déserter les galants.
Dans un tel abandon, leur sombre inquiétude
Ne voit d'autre recours que le métier de prude ;
Et la sévérité de ces femmes de bien
Censure toute chose, et ne pardonne à rien ;
Hautement d'un chacun elles blâment la vie,
Non point par charité, mais par un trait d'envie,
Qui ne saurait souffrir qu'une autre ait les plaisirs
Dont le penchant[2] de l'âge a sevré leurs désirs.

passage analysé

MADAME PERNELLE

Voilà les contes bleus[3] qu'il vous faut pour vous plaire.
Ma bru, l'on est chez vous contrainte de se taire,
Car madame à jaser tient le dé[4] tout le jour.
Mais enfin je prétends discourir à mon tour :
Je vous dis que mon fils n'a rien fait de plus sage
Qu'en recueillant chez soi ce dévot personnage ;
Que le Ciel au besoin[5] l'a céans envoyé
Pour redresser à tous votre esprit fourvoyé ;
Que pour votre salut vous le devez entendre,
Et qu'il ne reprend rien qui ne soit à reprendre.
Ces visites, ces bals, ces conversations
Sont du malin esprit toutes inventions.

notes

1. **retours :** artifices qui sont dus à un revirement (terme de vénerie : art de la chasse à courre).
2. **le penchant :** la pente.

3. **contes bleus :** contes pour enfants, romans de chevalerie publiés en brochure à couverture bleue.

4. **tient le dé :** mène la conversation (expression qui désigne au sens propre le joueur qui a les dés en main).
5. **au besoin :** par nécessité.

L'Jmposteur.
ou
Le Tartuffe
Orgon.

passage analysé

Là jamais on n'entend de pieuses paroles :
Ce sont propos oisifs, chansons et fariboles[1] ;
Bien souvent le prochain en a sa bonne part,
Et l'on y sait médire et du tiers et du quart[2].
Enfin les gens sensés ont leurs têtes troublées
De la confusion de telles assemblées :
Mille caquets divers s'y font en moins de rien ;
Et comme l'autre jour un docteur dit fort bien,
C'est véritablement la tour de Babylone[3],
Car chacun y babille, et tout du long de l'aune[4],
Et pour conter l'histoire où ce point l'engagea…

(Montrant Cléante.)

Voilà-t-il pas monsieur qui ricane déjà !
Allez chercher vos fous qui vous donnent à rire,
Et sans… Adieu, ma bru : je ne veux plus rien dire.
Sachez que pour céans j'en rabats de moitié[5],
Et qu'il fera beau temps quand j'y mettrai le pied.

(Donnant un soufflet à Flipote.)

Allons, vous ! vous rêvez, et bayez aux corneilles.
Jour de Dieu ! je saurai vous frotter les oreilles.
Marchons, gaupe[6], marchons.

notes

1. **fariboles :** propos frivoles, vains.
2. **et du tiers et du quart :** et des tierces personnes et des quatrièmes aussi.
3. **la tour de Babylone :** la tour de Babel. Babel évoque la confusion des langues (jeu de mots sur Babel/babil).
4. **tout du long de l'aune :** à pleine mesure, sans retenue.
5. **j'en rabats de moitié :** je retire la moitié de l'estime que je porte à cette maison.
6. **gaupe :** femme malpropre, souillon.

Scène 2

CLÉANTE, DORINE

CLÉANTE

Je n'y veux point aller,
De peur qu'elle ne vînt encor me quereller,
Que cette bonne femme[1]...

DORINE

Ah ! certes, c'est dommage
Qu'elle ne vous ouït tenir un tel langage :
Elle vous dirait bien qu'elle vous trouve bon,
Et qu'elle n'est point d'âge à lui donner ce nom.

CLÉANTE

Comme elle s'est pour rien contre nous échauffée[2] !
Et que de son Tartuffe elle paraît coiffée[3] !

DORINE

Oh ! vraiment tout cela n'est rien au prix du fils,
Et si vous l'aviez vu, vous diriez : « C'est bien pis ! »
Nos troubles[4] l'avaient mis sur le pied d'homme sage,
Et pour servir son prince il montra du courage ;
Mais il est devenu comme un homme hébété[5],
Depuis que de Tartuffe on le voit entêté ;
Il l'appelle son frère, et l'aime dans son âme
Cent fois plus qu'il ne fait mère, fils, fille et femme.
C'est de tous ses secrets l'unique confident,
Et de ses actions le directeur[6] prudent[7] ;

notes

1. **bonne femme :** vieille femme.
2. **échauffée :** irritée, impatientée.
3. **coiffée :** entichée.
4. **troubles :** allusion aux troubles de la Fronde.
5. **hébété :** rendu stupide.
6. **directeur :** un directeur de conscience laïque. C'est le métier de Tartuffe.
7. **prudent :** avisé.

Il le choie, il l'embrasse, et pour une maîtresse
On ne saurait, je pense, avoir plus de tendresse;
À table, au plus haut bout il veut qu'il soit assis;
Avec joie il l'y voit manger autant que six;
Les bons morceaux de tout, il fait qu'on les lui cède;
Et s'il vient à roter, il lui dit: «Dieu vous aide!»

(C'est une servante qui parle.)

Enfin il en est fou; c'est son tout, son héros;
Il l'admire à tous coups, le cite à tout propos;
Ses moindres actions lui semblent des miracles,
Et tous les mots qu'il dit sont pour lui des oracles.
Lui, qui connaît sa dupe[1] et qui veut en jouir,
Par cent dehors fardés a l'art de l'éblouir;
Son cagotisme[2] en tire à toute heure des sommes,
Et prend droit de gloser[3] sur tous tant que nous sommes,
Il n'est pas jusqu'au fat[4] qui lui sert de garçon
Qui ne se mêle aussi de nous faire leçon;
Il vient nous sermonner avec des yeux farouches,
Et jeter nos rubans, notre rouge et nos mouches[5].
Le traître, l'autre jour, nous rompit de ses mains
Un mouchoir[6] qu'il trouva dans une *Fleur des Saints*[7],
Disant que nous mêlions, par un crime effroyable,
Avec la sainteté les parures du diable.

notes

1. **dupe**: personne qu'on peut tromper facilement.
2. **cagotisme**: dévotion outrée et hypocrite.
3. **gloser**: faire des commentaires, critiquer.
4. **fat**: sot imbu de lui-même.
5. **mouche**: petit morceau de taffetas ou de velours noir, appliqué par les dames sur leur visage pour rehausser l'éclat de leur teint.
6. **mouchoir**: petite pièce de linge qui servait à parer la gorge.
7. ***Fleur des Saints***: livre de piété rédigé par un jésuite espagnol: Pedro de Rivadeneyra.

Acte 1, scène 3

Scène 3

ELMIRE, MARIANE, DAMIS, CLÉANTE, DORINE

ELMIRE

Vous êtes bien heureux de n'être point venu
Au discours qu'à la porte elle nous a tenu.
Mais j'ai vu mon mari : comme il ne m'a point vue,
Je veux aller là-haut attendre sa venue.

CLÉANTE

Moi, je l'attends ici pour moins d'amusement,
Et je vais lui donner le bonjour seulement.

DAMIS

De l'hymen[1] de ma sœur touchez-lui quelque chose,
J'ai soupçon que Tartuffe à son effet[2] s'oppose,
Qu'il oblige mon père à des détours si grands
Et vous n'ignorez pas quel intérêt j'y prends.
Si même ardeur enflamme et ma sœur et Valère,
La sœur de cet ami, vous le savez, m'est chère.
Et s'il fallait…

DORINE

Il entre.

notes

1. **hymen** : mariage.

2. **à son effet** : à sa réalisation.

Scène 4

ORGON, CLÉANTE, DORINE

ORGON

Ah ! mon frère, bonjour.

CLÉANTE

Je sortais, et j'ai joie à vous voir de retour.
La campagne à présent n'est pas beaucoup fleurie.

ORGON

Dorine… Mon beau-frère, attendez, je vous prie :
Vous voulez bien souffrir, pour m'ôter de souci,
Que je m'informe un peu des nouvelles d'ici.
(À Dorine.)
Tout s'est-il, ces deux jours, passé de bonne sorte ?
Qu'est-ce qu'on fait céans ? comme[1] est-ce qu'on s'y porte ?

DORINE

Madame eut avant-hier la fièvre jusqu'au soir,
Avec un mal de tête étrange à concevoir.

ORGON

Et Tartuffe ?

DORINE

Tartuffe ? Il se porte à merveille,
Gros et gras, le teint frais, et la bouche vermeille.

ORGON

Le pauvre homme !

note ....

1. **comme** : comment.

Acte 1, scène 4

DORINE

Le soir, elle eut un grand dégoût[1],
Et ne put au souper toucher à rien du tout,
Tant sa douleur de tête était encor cruelle !

ORGON

Et Tartuffe ?

DORINE

Il soupa, lui tout seul, devant elle,
Et fort dévotement il mangea deux perdrix,
Avec une moitié de gigot en hachis.

ORGON

Le pauvre homme !

DORINE

La nuit se passa tout entière
Sans qu'elle pût fermer un moment la paupière ;
Des chaleurs l'empêchaient de pouvoir sommeiller,
Et jusqu'au jour près d'elle il nous fallut veiller.

ORGON

Et Tartuffe ?

DORINE

Pressé d'un sommeil agréable,
Il passa dans sa chambre au sortir de la table,
Et dans son lit bien chaud il se mit tout soudain,
Où sans trouble il dormit jusques au lendemain.

ORGON

Le pauvre homme !

note

1. **elle eut un grand dégoût :** elle perdit le goût, l'appétit.

DORINE

À la fin, par nos raisons gagnée,
Elle se résolut à souffrir la saignée[1],
Et le soulagement suivit tout aussitôt.

ORGON

Et Tartuffe ?

DORINE

Il reprit courage comme il faut,
Et contre tous les maux fortifiant son âme,
Pour réparer le sang qu'avait perdu madame,
But à son déjeuner quatre grands coups de vin.

ORGON

Le pauvre homme !

DORINE

Tous deux se portent bien enfin ;
Et je vais à madame annoncer par avance
La part que vous prenez à sa convalescence.

Scène 5

ORGON, CLÉANTE

CLÉANTE

À votre nez, mon frère, elle se rit de vous ;
Et sans avoir dessein[2] de vous mettre en courroux,
Je vous dirai tout franc que c'est avec justice.
A-t-on jamais parlé d'un semblable caprice ?
Et se peut-il qu'un homme ait un charme aujourd'hui

notes

1. **saignée**: ouverture de la veine pour tirer du sang. Ce remède était fréquent à l'époque.

2. **dessein**: projet.

À vous faire oublier toutes choses pour lui,
Qu'après avoir chez vous réparé sa misère,
Vous en veniez au point?...

ORGON

Halte-là, mon beau-frère:
Vous ne connaissez pas celui dont vous parlez.

CLÉANTE

Je ne le connais pas, puisque vous le voulez;
Mais enfin, pour savoir quel homme ce peut être...

ORGON

Mon frère, vous seriez charmé de le connaître,
Et vos ravissements[1] ne prendraient point de fin.
C'est un homme... qui... ha!... un homme... un homme enfin.
Qui suit bien ses leçons, goûte une paix profonde,
Et comme du fumier regarde tout le monde.
Oui, je deviens tout autre avec son entretien;
Il m'enseigne à n'avoir affection pour rien,
De toutes amitiés il détache mon âme;
Et je verrais mourir frère, enfants, mère et femme,
Que je m'en soucierais autant que de cela[2].

CLÉANTE

Les sentiments humains, mon frère, que voilà!

ORGON

Ha! si vous aviez vu comme j'en fis rencontre,
Vous auriez pris pour lui l'amitié que je montre.
Chaque jour à l'église il venait, d'un air doux,
Tout vis-à-vis de moi se mettre à deux genoux.

notes

1. **ravissements**: transports d'admiration (terme mystique qui indique un état d'extase).
2. Ce vers parodie la parole de l'apôtre saint Paul, dans son épître aux Philippiens (III, 8).

Il attirait les yeux de l'assemblée entière
Par l'ardeur dont au Ciel il poussait sa prière ;
Il faisait des soupirs, de grands élancements,
Et baisait humblement la terre à tous moments ;
Et lorsque je sortais, il me devançait vite,
Pour m'aller à la porte offrir de l'eau bénite.
Instruit par son garçon[1], qui dans tout l'imitait,
Et de son indigence, et de ce qu'il était,
Je lui faisais des dons ; mais avec modestie
Il me voulait toujours en rendre une partie.
« C'est trop, me disait-il, c'est trop de la moitié :
Je ne mérite pas de vous faire pitié » ;
Et quand je refusais de le vouloir reprendre,
Aux pauvres, à mes yeux, il allait le répandre.
Enfin le Ciel chez moi me le fit retirer[2],
Et depuis ce temps-là tout semble y prospérer.
Je vois qu'il reprend tout, et qu'à ma femme même
Il prend, pour mon honneur, un intérêt extrême ;
Il m'avertit des gens qui lui font les yeux doux,
Et plus que moi six fois il s'en montre jaloux.
Mais vous ne croiriez point jusqu'où monte son zèle :
Il s'impute à péché la moindre bagatelle ;
Un rien presque suffit pour le scandaliser :
Jusque-là qu'il se vint l'autre jour accuser
D'avoir pris une puce en faisant sa prière,
Et de l'avoir tuée avec trop de colère.

CLÉANTE

Parbleu ! vous êtes fou, mon frère, que je crois.
Avec de tels discours, vous moquez-vous de moi ?
Et que prétendez-vous que tout ce badinage ?...

notes

1. **garçon** : valet à tout faire.
2. **retirer** : recueillir.

Acte 1, scène 5

ORGON

Mon frère, ce discours sent le libertinage[1] :
Vous en êtes un peu dans votre âme entiché[2] ;
Et comme je vous l'ai plus de dix fois prêché,
Vous vous attirerez quelque méchante affaire.

CLÉANTE

Voilà de vos pareils le discours ordinaire :
Ils veulent que chacun soit aveugle comme eux.
C'est être libertin que d'avoir de bons yeux,
Et qui n'adore pas de vaines simagrées,
N'a ni respect ni foi pour les choses sacrées.
Allez, tous vos discours ne me font point de peur :
Je sais comme je parle, et le Ciel voit mon cœur.
De tous vos façonniers[3] on n'est point les esclaves.
Il est de faux dévots ainsi que de faux braves ;
Et comme on ne voit pas qu'où l'honneur les conduit
Les vrais braves soient ceux qui font beaucoup de bruit,
Les bons et vrais dévots[4], qu'on doit suivre à la trace,
Ne sont pas ceux aussi qui font tant de grimace.
Hé quoi ? vous ne ferez nulle distinction
Entre l'hypocrisie et la dévotion ?
Vous les voulez traiter d'un semblable langage,
Et rendre même honneur au masque qu'au visage,
Égaler l'artifice à la sincérité,
Confondre l'apparence avec la vérité,
Estimer le fantôme[5] autant que la personne,
Et la fausse monnaie à l'égal de la bonne ?
Les hommes la plupart sont étrangement faits !

notes

1. libertinage : incrédulité, impiété.
2. entiché : moralement corrompu (variante d'« entaché »).
3. façonniers : faiseurs de façons, grimaciers.
4. dévots : hommes pieux.
5. fantôme : apparence.

Dans la juste nature on ne les voit jamais;
La raison a pour eux des bornes trop petites;
En chaque caractère ils passent ses limites;
Et la plus noble chose, ils la gâtent souvent
Pour la vouloir outrer et pousser trop avant.
Que cela vous soit dit en passant, mon beau-frère.

ORGON

Oui, vous êtes sans doute un docteur qu'on révère;
Tout le savoir du monde est chez vous retiré;
Vous êtes le seul sage et le seul éclairé,
Un oracle[1], un Caton[2] dans le siècle où nous sommes;
Et près de vous ce sont des sots que tous les hommes.

CLÉANTE

Je ne suis point, mon frère, un docteur révéré[3],
Et le savoir chez moi n'est pas tout retiré.
Mais, en un mot, je sais, pour toute ma science,
Du faux avec le vrai faire la différence.
Et comme je ne vois nul genre de héros
Qui soient plus à priser que les parfaits dévots,
Aucune chose au monde et plus noble et plus belle
Que la sainte ferveur d'un véritable zèle,
Aussi ne vois-je rien qui soit plus odieux
Que le dehors plâtré d'un zèle spécieux[4],
Que ces francs charlatans, que ces dévots de place[5],
De qui la sacrilège et trompeuse grimace
Abuse impunément et se joue à leur gré
De ce qu'ont les mortels de plus saint et sacré,

notes

1. oracle : prophète.
2. Caton : Caton d'Utique (95-46 av. J.-C.) ou Caton le Jeune, stoïcien contemporain de Cicéron, célèbre pour la rigidité de son caractère.
3. révéré : respecté.
4. spécieux : qui a belle apparence.
5. dévots de place : qui s'affichent sur la place publique.

Ces gens qui, par une âme à l'intérêt soumise,
Font de dévotion métier et marchandise,
Et veulent acheter crédit et dignités
À prix de faux clins d'yeux et d'élans affectés,
Ces gens, dis-je, qu'on voit d'une ardeur non commune
Par le chemin du Ciel courir à leur fortune,
Qui, brûlants et priants, demandent chaque jour,
Et prêchent la retraite au milieu de la cour,
Qui savent ajuster leur zèle avec leurs vices,
Sont prompts, vindicatifs[1], sans foi, pleins d'artifices,
Et pour perdre quelqu'un couvrent insolemment
De l'intérêt du Ciel leur fier ressentiment,
D'autant plus dangereux dans leur âpre colère,
Qu'ils prennent contre nous des armes qu'on révère,
Et que leur passion, dont on leur sait bon gré,
Veut nous assassiner avec un fer sacré.
De ce faux caractère on en voit trop paraître ;
Mais les dévots de cœur sont aisés à connaître.
Notre siècle, mon frère, en expose à nos yeux
Qui peuvent nous servir d'exemples glorieux :
Regardez Ariston, regardez Périandre,
Oronte, Alcidamas, Polydore, Clitandre ;
Ce titre par aucun ne leur est débattu ;
Ce ne sont point du tout fanfarons de vertu ;
On ne voit point en eux ce faste insupportable,
Et leur dévotion est humaine, est traitable :
Ils ne censurent point toutes nos actions :
Ils trouvent trop d'orgueil dans ces corrections ;
Et laissant la fierté des paroles aux autres,
C'est par leurs actions qu'ils reprennent les nôtres.

note

1. **vindicatifs** : désireux de se venger.

L'apparence du mal a chez eux peu d'appui
Et leur âme est portée à juger bien d'autrui.
Point de cabale[1] en eux, point d'intrigues à suivre ;
On les voit, pour tous soins, se mêler de bien vivre ;
Jamais contre un pécheur ils n'ont d'acharnement ;
Ils attachent leur haine au péché seulement,
Et ne veulent point prendre, avec un zèle extrême,
Les intérêts du Ciel plus qu'il ne veut lui-même.
Voilà mes gens, voilà comme il en faut user,
Voilà l'exemple enfin qu'il se faut proposer.
Votre homme, à dire vrai, n'est pas de ce modèle :
C'est de fort bonne foi que vous vantez son zèle ;
Mais par un faux éclat je vous crois ébloui.

ORGON

Monsieur mon cher beau-frère, avez-vous tout dit ?

CLÉANTE

Oui.

ORGON

Je suis votre valet[2]. *(Il veut s'en aller.)*

CLÉANTE

De grâce un mot mon frère.
Laissons là ce discours. Vous savez que Valère
Pour être votre gendre a parole[3] de vous ?

ORGON

Oui.

CLÉANTE

Vous aviez pris jour pour un lien si doux.

notes

1. **cabale**: intrigue et esprit d'intrigue (allusion à la cabale des dévots, voir p. 6, 13 et 30).
2. **Je suis votre valet**: je vous laisse la place.
3. **a parole**: a votre parole, votre promesse.

ORGON

Il est vrai.

CLÉANTE

Pourquoi donc en différer la fête ?

ORGON

Je ne sais.

CLÉANTE

Auriez-vous autre pensée en tête ?

ORGON

Peut-être.

CLÉANTE

Vous voulez manquer à votre foi[1] ?

ORGON

Je ne dis pas cela.

CLÉANTE

Nul obstacle, je croi[2],
Ne vous peut empêcher d'accomplir vos promesses.

ORGON

Selon.

CLÉANTE

Pour dire un mot, faut-il tant de finesses ?
Valère sur ce point me fait vous visiter.

ORGON

Le Ciel en soit loué !

notes

1. **foi** : parole donnée.

2. **croi** : rime pour l'œil.

CLÉANTE

Mais que lui reporter[1] ?

ORGON

Tout ce qu'il vous plaira.

CLÉANTE

Mais il est nécessaire
De savoir vos desseins. Quels sont-ils donc ?

ORGON

De faire
Ce que le Ciel voudra.

CLÉANTE

Mais parlons tout de bon.
Valère a votre foi : la tiendrez-vous, ou non ?

ORGON

Adieu.

CLÉANTE

Pour son amour je crains une disgrâce,
Et je dois l'avertir de tout ce qui se passe.

note

1. **reporter :** rapporter.

Scène 1

ORGON, MARIANE

ORGON

Mariane.

MARIANE

Mon père.

ORGON

Approchez, j'ai de quoi
Vous parler en secret.

MARIANE

Que cherchez-vous ?

ORGON *(Il regarde dans un petit cabinet.)*

Je voi[1]
Si quelqu'un n'est point là qui pourrait nous entendre ;

note

1. **Je voi** : rime pour l'œil.

Car ce petit endroit est propre pour surprendre,
Or sus[1], nous voilà bien. J'ai, Mariane, en vous
Reconnu de tout temps un esprit assez doux,
Et de tout temps aussi vous m'avez été chère.

MARIANE

Je suis fort redevable à cet amour de père.

ORGON

C'est fort bien dit, ma fille ; et pour le mériter,
Vous devez n'avoir soin que de me contenter.

MARIANE

C'est où, je mets aussi ma gloire la plus haute.

ORGON

Fort bien. Que dites-vous de Tartuffe notre hôte ?

MARIANE

Qui, moi ?

ORGON

Vous. Voyez bien comme vous répondrez.

MARIANE

Hélas ! j'en dirai, moi, tout ce que vous voudrez.

ORGON

C'est parler sagement. Dites-moi donc, ma fille,
Qu'en toute sa personne un haut mérite brille,
Qu'il touche votre cœur, et qu'il vous serait doux
De le voir par mon choix devenir votre époux.
Eh ?
(Mariane se recule avec surprise.)

MARIANE

Eh ?

note

1. **Or sus :** allons.

ORGON

Qu'est-ce ?

MARIANE

Plaît-il ?

ORGON

Quoi ?

MARIANE

Me suis-je méprise ?

ORGON

Comment ?

MARIANE

Qui voulez-vous, mon père, que je dise
Qui me touche le cœur, et qu'il me serait doux
De voir par votre choix devenir mon époux ?

ORGON

Tartuffe.

MARIANE

Il n'en est rien, mon père, je vous jure.
Pourquoi me faire dire une telle imposture ?

ORGON

Mais je veux que cela soit une vérité ;
Et c'est assez pour vous que je l'aie arrêté.

MARIANE

Quoi ? vous voulez, mon père… ?

ORGON

Oui, je prétends, ma fille,
Unir par votre hymen Tartuffe à ma famille.
Il sera votre époux, j'ai résolu cela ;
Et comme sur vos vœux je…

Scène 2

DORINE, ORGON, MARIANE

ORGON

Que faites-vous là ?
La curiosité qui vous pousse est bien forte,
Mamie, à nous venir écouter de la sorte.

DORINE

Vraiment, je ne sais pas si c'est un bruit qui part
De quelque conjecture[1], ou d'un coup de hasard.
Mais de ce mariage on m'a dit la nouvelle,
Et j'ai traité cela de pure bagatelle.

ORGON

Quoi donc ? la chose est-elle incroyable ?

DORINE

À tel point,
Que vous-même, monsieur, je ne vous en crois point.

ORGON

Je sais bien le moyen de vous le faire croire.

DORINE

Oui, oui, vous nous contez une plaisante histoire.

ORGON

Je conte justement ce qu'on verra dans peu.

DORINE

Chansons[2] !

notes

1. **conjecture :** supposition.

2. **Chansons :** sottises.

ORGON

Ce que je dis, ma fille, n'est point jeu.

DORINE

Allez, ne croyez point monsieur votre père :
Il raille.

ORGON

Je vous dis…

DORINE

Non, vous avez beau faire,
On ne vous croira point.

ORGON

À la fin mon courroux…

DORINE

Hé bien ! on vous croit donc, et c'est tant pis pour vous.
Quoi ? se peut-il, monsieur, qu'avec l'air d'homme sage
Et cette large barbe au milieu du visage,
Vous soyez assez fou pour vouloir…

ORGON

Écoutez :
Vous avez pris céans certaines privautés[1]
Qui ne me plaisent point ; je vous le dis, mamie.

DORINE

Parlons sans nous fâcher, monsieur, je vous supplie.
Vous moquez-vous des gens d'avoir fait ce complot ?
Votre fille n'est point l'affaire d'un bigot[2] :

notes

1. **privautés :** familiarités.

2. **bigot :** personne qui manifeste une dévotion outrée et étroite.

Il a d'autres emplois auxquels il faut qu'il pense.
Et puis, que vous apporte une telle alliance?
À quel sujet aller, avec tout votre bien,
Choisir un gendre gueux?…

ORGON

Taisez-vous. S'il n'a rien,
Sachez que c'est par là qu'il faut qu'on le révère.
Sa misère est sans doute une honnête misère;
Au-dessus des grandeurs elle doit l'élever,
Puisque enfin de son bien il s'est laissé priver
Par son trop peu de soin des choses temporelles,
Et sa puissante attache aux choses éternelles.
Mais mon secours pourra lui donner les moyens
De sortir d'embarras et rentrer dans ses biens:
Ce sont fiefs qu'à bon titre[1] au pays on renomme;
Et tel que l'on le voit, il est bien gentilhomme.

DORINE

Oui, c'est lui qui le dit: et cette vanité,
Monsieur, ne sied pas bien[2] avec la piété.
Qui d'une sainte vie embrasse l'innocence
Ne doit point tant prôner[3] son nom et sa naissance.
Et l'humble procédé de la dévotion
Souffre mal les éclats de cette ambition.
À quoi bon cet orgueil?… Mais ce discours vous blesse:
Parlons de sa personne, et laissons sa noblesse.
Ferez-vous possesseur, sans quelque peu d'ennui,
D'une fille comme elle un homme comme lui?

notes

1. **qu'à bon titre**: sur des titres reconnus.
2. **ne sied pas bien**: ne convient pas à.
3. **prôner**: vanter.

Et ne devez-vous pas songer aux bienséances[1],
Et de cette union prévoir les conséquences ?
Sachez que d'une fille on risque la vertu,
Lorsque dans son hymen son goût est combattu,
Que le dessein d'y vivre en honnête personne
Dépend des qualités du mari qu'on lui donne,
Et que ceux dont partout on montre au doigt le front
Font leurs femmes souvent ce qu'on voit qu'elles sont.
Il est bien difficile enfin d'être fidèle
À de certains maris faits d'un certain modèle,
Et qui donne à sa fille un homme qu'elle hait
Est responsable au Ciel des fautes qu'elle fait.
Songez à quels périls votre dessein vous livre.

ORGON

Je vous dis qu'il me faut apprendre d'elle à vivre.

DORINE

Vous n'en feriez que mieux de suivre mes leçons.

ORGON

Ne nous amusons point, ma fille, à ces chansons :
Je sais ce qu'il vous faut, et je suis votre père.
J'avais donné pour vous ma parole à Valère ;
Mais outre qu'à jouer on dit qu'il est enclin,
Je le soupçonne encor d'être un peu libertin :
Je ne remarque point qu'il hante les églises.

DORINE

Voulez-vous qu'il y coure à vos heures précises,
Comme ceux qui n'y vont que pour être aperçus ?

note

1. **bienséances :** convenances (ce qui convient).

Dorine (Marie Tifo) réconcilie Valère (Serge Postigo) et Mariane (Catherine Sénart) alors qu'ils disent le contraire de leur véritable sentiment amoureux. (Théâtre du Nouveau Monde, 1996-1997.)

ORGON

Je ne demande pas votre avis là-dessus.
Enfin avec le Ciel l'autre est le mieux du monde,
Et c'est une richesse à nulle autre seconde.
Cet hymen de tous biens comblera vos désirs,
Il sera tout confit[1] en douceurs et plaisirs.
Ensemble vous vivrez, dans vos ardeurs fidèles,
Comme deux vrais enfants, comme deux tourterelles ;
À nul fâcheux débat jamais vous n'en viendrez,
Et vous ferez de lui tout ce que vous voudrez.

DORINE

Elle ? elle n'en fera qu'un sot[2], je vous assure.

ORGON

Ouais ! quels discours !

DORINE

Je dis qu'il en a l'encolure,
Et que son ascendant[3], monsieur, l'emportera
Sur toute la vertu que votre fille aura.

ORGON

Cessez de m'interrompre, et songez à vous taire,
Sans mettre votre nez où vous n'avez que faire.

DORINE

Je n'en parle, monsieur, que pour votre intérêt.
(Elle l'interrompt toujours au moment qu'il se retourne pour parler à sa fille.)

ORGON

C'est prendre trop de soin : taisez-vous, s'il vous plaît.

notes

1. **confit** : pénétré, imprégné (l'expression généralement employée est « confit en dévotion »).
2. **sot** : cocu.
3. **ascendant** : horoscope, astre. L'astre qui se trouve en période ascendante au moment de la naissance influence le destin.

DORINE

Si l'on ne vous aimait…

ORGON

Je ne veux pas qu'on m'aime.

DORINE

Et je veux vous aimer, monsieur, malgré vous-même.

ORGON

Ah !

DORINE

Votre honneur m'est cher, et je ne puis souffrir
Qu'aux brocards[1] d'un chacun vous alliez vous offrir.

ORGON

Vous ne vous tairez point ?

DORINE

C'est une conscience[2]
Que de vous laisser faire une telle alliance.

ORGON

Te tairas-tu, serpent, dont les traits effrontés… ?

DORINE

Ah ! vous êtes dévot, et vous vous emportez ?

ORGON

Oui, ma bile s'échauffe à toutes ces fadaises[3],
Et tout résolument je veux que tu te taises.

DORINE

Soit. Mais, ne disant mot, je n'en pense pas moins.

notes

1. brocards : railleries offensantes (terme d'escrime).
2. conscience : cas de conscience.
3. fadaises : choses fades, sans goût, sottises.

ORGON

Pense, si tu le veux ; mais applique tes soins
À ne m'en point parler, ou… Suffit.
(Se retournant vers sa fille.)
Comme sage,
J'ai pesé mûrement toutes choses.

DORINE

J'enrage
De ne pouvoir parler.
(Elle se tait lorsqu'il tourne la tête.)

ORGON

Sans être damoiseau[1],
Tartuffe est fait de sorte…

DORINE

Oui, c'est un beau museau[2].

ORGON

Que quand tu n'aurais même aucune sympathie
Pour tous les autres dons…
(Il se tourne devant elle, et la regarde les bras croisés.)

DORINE

La voilà bien lotie !
Si j'étais en sa place, un homme assurément
Ne m'épouserait pas de force impunément ;
Et je lui ferais voir bientôt après la fête
Qu'une femme a toujours une vengeance prête.

ORGON

Donc, de ce que je dis on ne fera nul cas ?

notes

1. **damoiseau :** jeune homme qui fait le beau et qui est empressé auprès des femmes.

2. **museau :** visage, figure.

DORINE

De quoi vous plaignez-vous ? Je ne vous parle pas.

ORGON

Qu'est-ce que tu fais donc ?

DORINE

Je me parle à moi-même.

ORGON

Fort bien. Pour châtier son insolence extrême,
Il faut que je lui donne un revers de ma main.

(Il se met en posture de lui donner un soufflet[1] ; et Dorine, à chaque coup d'œil qu'il jette, se tient droite sans parler.)

Ma fille, vous devez approuver mon dessein…
Croire que le mari… que j'ai su vous élire…

(À Dorine.)

Que ne te parles-tu ?

DORINE

Je n'ai rien à me dire.

ORGON

Encore un petit mot.

DORINE

Il ne me plaît pas, moi.

ORGON

Certes, je t'y guettais.

DORINE

Quelque sotte, ma foi[2] !

notes

1. *soufflet* : gifle.

2. **Quelque sotte, ma foi !** : une sotte aurait dit…

ORGON

Enfin, ma fille, il faut payer d'obéissance[1],
Et montrer pour mon choix entière déférence[2].

DORINE, *en s'enfuyant.*

Je me moquerais fort de prendre un tel époux.

(Il lui veut donner un soufflet et la manque.)

ORGON

Vous avez là, ma fille, une peste avec vous.
Avec qui sans péché je ne saurais plus vivre.
Je me sens hors d'état maintenant de poursuivre :
Ses discours insolents m'ont mis l'esprit en feu,
Et je vais prendre l'air pour me rasseoir[3] un peu.

Scène 3

DORINE, MARIANE

DORINE

Avez-vous donc perdu, dites-moi, la parole,
Et faut-il qu'en ceci je fasse votre rôle ?
Souffrir qu'on vous propose un projet insensé,
Sans que du moindre mot vous l'ayez repoussé !

MARIANE

Contre un père absolu que veux-tu que je fasse ?

DORINE

Ce qu'il faut pour parer une telle menace.

notes

1. **payer d'obéissance** : obéir.
2. **déférence** : soumission respectueuse.
3. **me rasseoir** : me remettre dans mon assiette, me calmer.

MARIANE

Quoi ?

DORINE

Lui dire qu'un cœur n'aime point par autrui,
Que vous vous mariez pour vous, non pas pour lui,
Qu'étant celle pour qui se fait toute l'affaire,
C'est à vous, non à lui, que le mari doit plaire,
Et que si son Tartuffe est pour lui si charmant,
Il le peut épouser sans nul empêchement.

MARIANE

Un père, je l'avoue, a sur nous tant d'empire[1],
Que je n'ai jamais eu la force de rien dire.

DORINE

Mais raisonnons. Valère a fait pour vous des pas[2] :
L'aimez-vous, je vous prie, ou ne l'aimez-vous pas ?

MARIANE

Ah ! qu'envers mon amour ton injustice est grande,
Dorine ! me dois-tu faire cette demande ?
T'ai-je pas là-dessus ouvert cent fois mon cœur,
Et sais-tu pas pour lui jusqu'où va mon ardeur ?

DORINE

Que sais-je si le cœur a parlé par la bouche,
Et si c'est tout de bon[3] que cet amant vous touche ?

MARIANE

Tu me fais un grand tort, Dorine, d'en douter,
Et mes vrais sentiments ont su trop éclater.

notes

1. **empire :** pouvoir.
2. **des pas :** des démarches.
3. **tout de bon :** véritablement.

DORINE

Enfin, vous l'aimez donc ?

MARIANE

Oui, d'une ardeur extrême.

DORINE

Et selon l'apparence il vous aime de même ?

MARIANE

Je le crois.

DORINE

Et tous deux brûlez également
De vous voir mariés ensemble ?

MARIANE

Assurément.

DORINE

Sur cette autre union quelle est donc votre attente ?

MARIANE

De me donner la mort si l'on me violente.

DORINE

Fort bien : c'est un recours où je ne songeais pas ;
Vous n'avez qu'à mourir pour sortir d'embarras ;
Le remède sans doute est merveilleux. J'enrage
Lorsque j'entends tenir ces sortes de langage.

MARIANE

Mon Dieu ! de quelle humeur, Dorine, tu te rends !
Tu ne compatis point aux déplaisirs des gens.

DORINE

Je ne compatis point à qui dit des sornettes
Et dans l'occasion mollit comme vous faites.

MARIANE

Mais que veux-tu ? si j'ai de la timidité.

DORINE

Mais l'amour dans un cœur veut de la fermeté.

MARIANE

Mais n'en gardé-je pas pour les feux[1] de Valère ?
Et n'est-ce pas à lui de m'obtenir d'un père ?

DORINE

Mais quoi ? si votre père est un bourru fieffé[2],
Qui s'est de son Tartuffe entièrement coiffé
Et manque à l'union qu'il avait arrêtée,
La faute à votre amant doit-elle être imputée ?

MARIANE

Mais par un haut refus et d'éclatants mépris
Ferai-je dans mon choix voir un cœur trop épris ?
Sortirai-je pour lui, quelque éclat dont il brille,
De la pudeur du sexe et du devoir de fille ?
Et veux-tu que mes feux par le monde étalés... ?

DORINE

Non, non, je ne veux rien. Je vois que vous voulez
Être à monsieur Tartuffe ; et j'aurais, quand j'y pense,
Tort de vous détourner d'une telle alliance.
Quelle raison aurais-je à combattre vos vœux ?

notes

1. **feux :** métaphore poétique pour désigner l'amour.

2. **bourru fieffé :** homme d'humeur brusque, extravagant.

Le parti de soi-même est fort avantageux.
Monsieur Tartuffe ! oh ! oh ! n'est-ce rien qu'on propose ?
Certes, monsieur Tartuffe, à bien prendre la chose,
N'est pas un homme, non, qui se mouche du pié[1],
Et ce n'est pas peu d'heur[2] que d'être sa moitié.
Tout le monde déjà de gloire le couronne ;
Il est noble chez lui, bien fait de sa personne ;
Il a l'oreille rouge et le teint bien fleuri[3] :
Vous vivrez trop contente avec un tel mari.

MARIANE

Mon Dieu !...

DORINE

Quelle allégresse aurez-vous dans votre âme,
Quand d'un époux si beau vous vous verrez la femme !

MARIANE

Ha ! cesse, je te prie, un semblable discours,
Et contre cet hymen ouvre-moi du secours[4],
C'en est fait, je me rends, et suis prête à tout faire.

DORINE

Non, il faut qu'une fille obéisse à son père,
Voulût-il lui donner un singe pour époux.
Votre sort est fort beau : de quoi vous plaignez-vous ?
Vous irez par le coche en sa petite ville,
Qu'en oncles et cousins vous trouverez fertile,
Et vous vous plairez fort à les entretenir.
D'abord chez le beau monde on vous fera venir ;
Vous irez visiter, pour votre bienvenue,

notes

1. **se mouche du pié :** Tartuffe est un homme sérieux et non un saltimbanque qui, pour montrer sa souplesse, touche son nez de son pied.

2. **heur :** de bonheur.

3. **fleuri :** coloré, rouge de bonne santé.

4. **ouvre-moi du secours :** procure-moi du secours.

Madame la baillive et madame l'élue[1],
Qui d'un siège pliant[2] vous feront honorer.
Là, dans le carnaval, vous pourrez espérer
Le bal et la grand-bande[3], à savoir, deux musettes,
Et parfois Fagotin[4] et les marionnettes,
Si pourtant votre époux…

MARIANE

Ah ! tu me fais mourir.
De tes conseils plutôt songe à me secourir.

DORINE

Je suis votre servante.

MARIANE

Eh ! Dorine, de grâce…

DORINE

Il faut, pour vous punir, que cette affaire passe.

MARIANE

Ma pauvre fille !

DORINE

Non.

MARIANE

Si mes vœux déclarés…

DORINE

Point : Tartuffe est votre homme, et vous en tâterez[5].

notes

1. **Madame la baillive et madame l'élue :** femmes des magistrats provinciaux. Le bailli rend la justice dans le district ; l'élu (par les états généraux) juge en première instance de certaines affaires d'impôts.
2. **siège pliant :** siège réservé aux personnes de condition sociale modeste.
3. **grand-bande :** orchestre des vingt-quatre violons de la chambre du roi (ironique ici puisque l'orchestre se réduira à deux musettes ou cornemuses).
4. **Fagotin :** singe savant du montreur de marionnettes.
5. **vous en tâterez :** vous en ferez l'expérience.

MARIANE

Tu sais qu'à toi toujours je me suis confiée:
Fais-moi…

DORINE

Non, vous serez, ma foi! tartuffiée[1].

MARIANE

Hé bien! puisque mon sort ne saurait t'émouvoir,
Laisse-moi désormais toute à mon désespoir:
C'est de lui que mon cœur empruntera de l'aide,
Et je sais de mes maux l'infaillible remède.

(Elle veut s'en aller.)

DORINE

Hé! là, là, revenez. Je quitte mon courroux.
Il faut, nonobstant tout, avoir pitié de vous.

MARIANE

Vois-tu, si l'on m'expose à ce cruel martyre,
Je te le dis, Dorine, il faudra que j'expire.

DORINE

Ne vous tourmentez point. On peut adroitement
Empêcher… Mais voici Valère, votre amant.

note

1. **tartuffiée**: entichée de Tartuffe.

Scène 4

VALÈRE, MARIANE, DORINE

passage analysé

VALÈRE

On vient de débiter[1], madame, une nouvelle
Que je ne savais pas, et qui sans doute est belle.

MARIANE

Quoi ?

VALÈRE

Que vous épousez Tartuffe.

MARIANE

Il est certain
Que mon père s'est mis en tête ce dessein.

VALÈRE

Votre père, madame…

MARIANE

A changé de visée :
La chose vient par lui de m'être proposée.

VALÈRE

Quoi ? sérieusement ?

MARIANE

Oui, sérieusement.
Il s'est pour cet hymen déclaré hautement.

VALÈRE

Et quel est le dessein où votre âme s'arrête,

note

1. **débiter :** énoncer à la suite, en public.

Acte II, scène 4

passage analysé

Madame ?

MARIANE

Je ne sais.

VALÈRE

La réponse est honnête.
Vous ne savez ?

MARIANE

Non.

VALÈRE

Non ?

MARIANE

Que me conseillez-vous ?

VALÈRE

Je vous conseille, moi, de prendre cet époux.

MARIANE

Vous me le conseillez ?

VALÈRE

Oui.

MARIANE

Tout de bon ?

VALÈRE

Sans doute
Le choix est glorieux, et vaut bien qu'on l'écoute.

MARIANE

Hé bien ! c'est un conseil, monsieur, que je reçois.

VALÈRE

Vous n'aurez pas grand-peine à le suivre, je crois.

MARIANE

Pas plus qu'à le donner en a souffert votre âme.

VALÈRE

Moi, je vous l'ai donné pour vous plaire, madame.

MARIANE

Et moi, je le suivrai pour vous faire plaisir.

DORINE, *à part.*

Voyons ce qui pourra de ceci réussir[1].

VALÈRE

C'est donc ainsi qu'on aime ? Et c'était tromperie
Quand vous…

MARIANE

Ne parlons point de cela, je vous prie.
Vous m'avez dit tout franc que je dois accepter
Celui que pour époux on me veut présenter :
Et je déclare, moi, que je prétends le faire,
Puisque vous m'en donnez le conseil salutaire.

VALÈRE

Ne vous excusez point sur[2] mes intentions.
Vous aviez pris déjà vos résolutions ;
Et vous vous saisissez d'un prétexte frivole
Pour vous autoriser à manquer de parole.

MARIANE

Il est vrai, c'est bien dit.

VALÈRE

Sans doute ; et votre cœur
N'a jamais eu pour moi de véritable ardeur.

passage analyse

notes

1. **réussir :** résulter.

2. **sur :** en prenant prétexte de.

passage analysé

MARIANE

Hélas ! permis à vous d'avoir cette pensée.

VALÈRE

Oui, oui, permis à moi ; mais mon âme offensée
Vous préviendra[1] peut-être en un pareil dessein ;
Et je sais où porter et mes vœux et ma main.

MARIANE

Ah ! je n'en doute point ; et les ardeurs qu'excite
Le mérite…

VALÈRE

Mon Dieu, laissons là le mérite :
J'en ai fort peu sans doute, et vous en faites foi.
Mais j'espère aux bontés qu'une autre aura pour moi,
Et j'en sais de qui l'âme, à ma retraite ouverte,
Consentira sans honte à réparer ma perte.

MARIANE

La perte n'est pas grande ; et de ce changement
Vous vous consolerez assez facilement.

VALÈRE

J'y ferai mon possible, et vous le pouvez croire.
Un cœur qui nous oublie engage notre gloire ;
Il faut à l'oublier mettre aussi tous nos soins :
Si l'on n'en vient à bout, on le doit feindre au moins ;
Et cette lâcheté jamais ne se pardonne,
De montrer de l'amour pour qui nous abandonne.

MARIANE

Ce sentiment, sans doute, est noble et relevé.

note

1. **préviendra** : devancera.

VALÈRE

Fort bien ; et d'un chacun il doit être approuvé.
Hé quoi ? vous voudriez qu'à jamais dans mon âme
Je gardasse pour vous les ardeurs de ma flamme,
Et vous visse, à mes yeux, passer en d'autres bras,
Sans mettre ailleurs un cœur dont vous ne voulez pas ?

MARIANE

Au contraire : pour moi, c'est ce que je souhaite ;
Et je voudrais déjà que la chose fût faite.

VALÈRE

Vous le voudriez ?

MARIANE

Oui.

VALÈRE

C'est assez m'insulter,
Madame ; et de ce pas je vais vous contenter.
(Il fait un pas pour s'en aller et revient toujours.)

MARIANE

Fort bien.

VALÈRE

Souvenez-vous au moins que c'est vous-même
Qui contraignez mon cœur à cet effort extrême.

MARIANE

Oui.

VALÈRE

Et que le dessein que mon âme conçoit
N'est rien qu'à votre exemple.

MARIANE

À mon exemple, soit.

VALÈRE

Suffit : vous allez être à point nommé servie.

MARIANE

Tant mieux.

VALÈRE

Vous me voyez, c'est pour toute ma vie.

MARIANE

À la bonne heure.

VALÈRE

Euh ?

(Il s'en va ; et lorsqu'il est vers la porte, il se retourne.)

MARIANE

Quoi ?

VALÈRE

Ne m'appelez-vous pas ?

MARIANE

Moi ? Vous rêvez.

VALÈRE

Hé bien ! je poursuis donc mes pas.
Adieu, madame.

MARIANE

Adieu, monsieur.

DORINE

Pour moi, je pense
Que vous perdez l'esprit par cette extravagance ;
Et je vous ai laissé tout du long quereller,
Pour voir où tout cela pourrait enfin aller.
Holà ! Seigneur Valère.

(Elle va l'arrêter par le bras, et lui, fait mine de grande résistance.)

passage analysé

passage analysé

VALÈRE

Hé ! que veux-tu, Dorine ?

DORINE

Venez ici.

VALÈRE

Non, non, le dépit me domine.
Ne me détourne point de ce qu'elle a voulu.

DORINE

Arrêtez.

VALÈRE

Non, vois-tu ? c'est un point résolu.

DORINE

Ah !

MARIANE

Il souffre à me voir, ma présence le chasse,
Et je ferai bien mieux de lui quitter la place.

DORINE *(Elle quitte Valère et court à Mariane.)*

À l'autre. Où courez-vous ?

MARIANE

Laisse.

DORINE

Il faut revenir.

MARIANE

Non, non, Dorine ; en vain tu veux me retenir.

VALÈRE

Je vois bien que ma vue est pour elle un supplice,
Et sans doute il vaut mieux que je l'en affranchisse.

Acte II, scène 4

passage analysé

DORINE *(Elle quitte Mariane et court à Valère.)*

Encor ? Diantre soit fait de vous[1] si je le veux !
Cessez ce badinage, et venez çà[2] tous deux.
(Elle les tire l'un et l'autre.)

VALÈRE

Mais quel est ton dessein ?

MARIANE

Qu'est-ce que tu veux faire ?

DORINE

Vous bien remettre ensemble, et vous tirer d'affaire.
(À Valère.)
Êtes-vous fou d'avoir un pareil démêlé ?

VALÈRE

N'as-tu pas entendu comme elle m'a parlé ?

DORINE, *à Mariane.*

Êtes-vous folle, vous, de vous être emportée ?

MARIANE

N'as-tu pas vu la chose, et comme il m'a traitée ?

DORINE, *à Valère.*

Sottise des deux parts. Elle n'a d'autre soin
Que de se consacrer à vous, j'en suis témoin.
(À Mariane.)
Il n'aime que vous seule, et n'a point d'autre envie
Que d'être votre époux ; j'en réponds sur ma vie.

notes

1. Diantre soit fait de vous : déformation du mot « diable » ; que le diable vous emporte si j'y consens ! Mais Dorine ne le souhaite pas.

2. venez çà : venez ici.

passage analysé

MARIANE

Pourquoi donc me donner un semblable conseil ?

VALÈRE

Pourquoi m'en demander sur un sujet pareil ?

DORINE

Vous êtes fous tous deux. Çà, la main, l'un et l'autre.
Allons, vous.

VALÈRE, *en donnant sa main à Dorine.*

À quoi bon ma main ?

DORINE

Ah ! çà, la vôtre.

MARIANE, *en donnant aussi sa main.*

De quoi sert tout cela ?

DORINE

Mon Dieu ! vite, avancez.
Vous vous aimez tous deux plus que vous ne pensez.

VALÈRE

Mais ne faites donc point les choses avec peine,
Et regardez un peu les gens sans nulle haine.
(Mariane tourne l'œil sur Valère et fait un petit souris[1]*.)*

DORINE

À vous dire le vrai, les amants sont bien fous !

VALÈRE

Ho çà ! n'ai-je pas lieu de me plaindre de vous ?
Et, pour n'en point mentir, n'êtes-vous pas méchante
De vous plaire à me dire une chose affligeante ?

note

1. ***souris*** : sourire.

Acte II, scène 4

passage analysé

MARIANE

Mais vous, n'êtes-vous pas l'homme le plus ingrat… ?

DORINE

Pour une autre saison laissons tout ce débat
Et songeons à parer ce fâcheux mariage.

MARIANE

Dis-nous donc quels ressorts[1] il faut mettre en usage.

DORINE

Nous en ferons agir de toutes les façons.
Votre père se moque, et ce sont des chansons ;
Mais pour vous, il vaut mieux qu'à son extravagance
D'un doux consentement vous prêtiez l'apparence,
Afin qu'en cas d'alarme il vous soit plus aisé
De tirer en longueur cet hymen proposé.
En attrapant du temps[2], à tout on remédie.
Tantôt vous payerez[3] de quelque maladie,
Qui viendra tout à coup et voudra des délais ;
Tantôt vous payerez de présages mauvais :
Vous aurez fait d'un mort la rencontre fâcheuse,
Cassé quelque miroir, ou songé d'eau bourbeuse.
Enfin le bon de tout c'est qu'à d'autres qu'à lui
On ne vous peut lier, que[4] vous ne disiez « oui ».
Mais pour mieux réussir, il est bon, ce me semble,
Qu'on ne vous trouve point tous deux parlant ensemble.

(À Valère.)

Sortez, et sans tarder, employez vos amis,
Pour vous faire tenir[5] ce qu'on vous a promis.

notes

1. ressorts : moyens de résistance.
2. En attrapant du temps : en gagnant du temps.
3. vous payerez : vous prendrez prétexte.
4. que : sans que.
5. tenir : obtenir.

Nous allons réveiller les efforts de son frère,
Et dans notre parti jeter la belle-mère.
Adieu.

VALÈRE, *à Mariane.*

Quelques efforts que nous préparions tous,
Ma plus grande espérance, à vrai dire, est en vous.

MARIANE, *à Valère.*

Je ne vous réponds pas des volontés d'un père ;
Mais je ne serai point à d'autre qu'à Valère.

VALÈRE

Que vous me comblez d'aise ! Et quoi que puisse oser…

DORINE

Ah ! jamais les amants ne sont las de jaser.
Sortez, vous dis-je.

VALÈRE *(Il fait un pas et revient.)*

Enfin…

DORINE

Quel caquet[1] est le vôtre !
(Les poussant chacun par l'épaule.)
Tirez de cette part ; et vous, tirez de l'autre.

note

1. **caquet :** bavardage inconsidéré.

Scène 1

DAMIS, DORINE

DAMIS

Que la foudre sur l'heure achève mes destins,
Qu'on me traite partout du plus grand des faquins[1]
S'il est aucun respect ni pouvoir qui m'arrête,
Et si je ne fais pas quelque coup de ma tête!

DORINE

De grâce, modérez un tel emportement:
Votre père n'a fait qu'en parler simplement,
On n'exécute pas tout ce qui se propose,
Et le chemin est long du projet à la chose.

DAMIS

Il faut que de ce fat[2] j'arrête les complots,
Et qu'à l'oreille un peu je lui dise deux mots.

notes

1. faquins: portefaix, hommes de rien, impertinents et bas.

2. fat: sot imbu de lui-même.

DORINE

Ha ! tout doux ! Envers lui, comme envers votre père,
Laissez agir les soins de votre belle-mère.
Sur l'esprit de Tartuffe elle a quelque crédit[1] ;
Il se rend complaisant à tout ce qu'elle dit,
Et pourrait bien avoir douceur de cœur pour elle.
Plût à Dieu qu'il fût vrai ! la chose serait belle.
Enfin votre intérêt[2] l'oblige à le mander[3] ;
Sur l'hymen qui vous trouble elle veut le sonder,
Savoir ses sentiments, et lui faire connaître
Quels fâcheux démêlés il pourra faire naître,
S'il faut qu'à ce dessein il prête quelque espoir.
Son valet dit qu'il prie, et je n'ai pu le voir ;
Mais ce valet m'a dit qu'il s'en allait descendre.
Sortez donc, je vous prie, et me laissez l'attendre.

DAMIS

Je puis être présent à tout cet entretien.

DORINE

Point. Il faut qu'ils soient seuls.

DAMIS

Je ne lui dirai rien.

DORINE

Vous vous moquez : on sait vos transports[4] ordinaires
Et c'est le vrai moyen de gâter les affaires.
Sortez.

DAMIS

Non : je veux voir, sans me mettre en courroux.

notes

1. **crédit** : influence.
2. **votre intérêt** : l'intérêt qu'Elmire vous porte.
3. **mander** : convoquer, faire venir.
4. **transports** : emportements.

DORINE

Que vous êtes fâcheux[1] ! Il vient. Retirez-vous.

(Damis va se cacher dans un cabinet[2] qui est au fond du théâtre.)

Scène 2

TARTUFFE, LAURENT, DORINE

TARTUFFE, *apercevant Dorine.*

Laurent, serrez ma haire[3] avec ma discipline[4],
Et priez que toujours le Ciel vous illumine,
Si l'on vient pour me voir, je vais aux prisonniers
Des aumônes que j'ai partager les deniers.

DORINE

Que d'affectation et de forfanterie[5] !

TARTUFFE

Que voulez-vous ?

DORINE

Vous dire…

TARTUFFE *(Il tire un mouchoir de sa poche.)*

Ah ! mon Dieu, je vous prie,
Avant que de parler prenez-moi ce mouchoir.

DORINE

Comment ?

notes

1. **fâcheux** : importun.
2. ***cabinet*** : pièce retirée où l'on peut converser, ranger livres et papiers.
3. **haire** : chemise de crin ou de poil de chèvre, portée sur la peau pour se mortifier.
4. **discipline** : fouet avec lequel un fidèle se donne des coups pour se repentir d'avoir péché.
5. **forfanterie** : vantardise et exagération.

TARTUFFE

Couvrez ce sein que je ne saurais voir :
Par de pareils objets les âmes sont blessées,
Et cela fait venir de coupables pensées.

DORINE

Vous êtes donc bien tendre à la tentation,
Et la chair sur vos sens fait grande impression !
Certes, je ne sais pas quelle chaleur vous monte :
Mais à convoiter, moi, je ne suis point si prompte,
Et je vous verrais nu du haut jusques en bas,
Que toute votre peau ne me tenterait pas.

TARTUFFE

Mettez dans vos discours un peu de modestie,
Ou je vais sur-le-champ vous quitter la partie[1].

DORINE

Non, non, c'est moi qui vais vous laisser en repos,
Et je n'ai seulement qu'à vous dire deux mots.
Madame va venir dans cette salle basse[2],
Et d'un mot d'entretien vous demande la grâce.

TARTUFFE

Hélas ! très volontiers.

DORINE, *en soi-même.*

Comme il se radoucit !
Ma foi, je suis toujours pour ce que j'en ai dit.

TARTUFFE

Viendra-t-elle bientôt ?

notes

| **1. vous quitter la partie :** vous céder la place. | **2. salle basse :** salle du rez-de-chaussée.

DORINE

Je l'entends, ce me semble.
Oui, c'est elle en personne, et je vous laisse ensemble.

Scène 3

ELMIRE, TARTUFFE

passage analysé

TARTUFFE

Que le Ciel à jamais par sa toute bonté
Et de l'âme et du corps vous donne la santé,
Et bénisse vos jours autant que le désire
Le plus humble de ceux que son amour inspire.

ELMIRE

Je suis fort obligée à ce souhait pieux ;
Mais prenons une chaise, afin d'être un peu mieux.

TARTUFFE

Comment de votre mal vous sentez-vous remise ?

ELMIRE

Fort bien ; et cette fièvre a bientôt quitté prise.

TARTUFFE

Mes prières n'ont pas le mérite qu'il faut
Pour avoir attiré cette grâce d'en haut ;
Mais je n'ai fait au Ciel nulle dévote instance[1]
Qui n'ait eu pour objet votre convalescence.

ELMIRE

Votre zèle pour moi s'est trop inquiété.

note

1. **instance** : sollicitation pressante.

passage analysé

TARTUFFE

On ne peut trop chérir votre chère santé,
Et pour la rétablir j'aurais donné la mienne.

ELMIRE

C'est pousser bien avant la charité chrétienne,
Et je vous dois beaucoup pour toutes ces bontés.

TARTUFFE

Je fais bien moins pour vous que vous ne méritez.

ELMIRE

J'ai voulu vous parler en secret d'une affaire,
Et suis bien aise ici qu'aucun ne nous éclaire.

TARTUFFE

J'en suis ravi de même, et sans doute il m'est doux,
Madame, de me voir seul à seul avec vous :
C'est une occasion qu'au Ciel j'ai demandée,
Sans que jusqu'à cette heure il me l'ait accordée.

ELMIRE

Pour moi, ce que je veux, c'est un mot d'entretien,
Où tout votre cœur s'ouvre, et ne me cache rien.

TARTUFFE

Et je ne veux aussi pour grâce singulière
Que montrer à vos yeux mon âme tout entière,
Et vous faire serment que les bruits[1] que j'ai faits
Des visites qu'ici reçoivent vos attraits
Ne sont pas envers vous l'effet d'aucune haine,
Mais plutôt d'un transport de zèle qui m'entraîne,
Et d'un pur mouvement…

note

1. **bruits** : critiques.

ELMIRE

Je le prends bien aussi,
Et crois que mon salut vous donne ce souci.

TARTUFFE *(Il lui serre le bout des doigts.)*

Oui, madame, sans doute, et ma ferveur est telle…

ELMIRE

Ouf ! vous me serrez trop.

TARTUFFE

C'est par excès de zèle.
De vous faire aucun mal je n'eus jamais dessein,
Et j'aurais bien plutôt…
(Il lui met la main sur le genou.)

ELMIRE

Que fait là votre main ?

TARTUFFE

Je tâte votre habit : l'étoffe en est moelleuse.

ELMIRE

Ah ! de grâce, laissez, je suis fort chatouilleuse.
(Elle recule sa chaise, et Tartuffe rapproche la sienne.)

TARTUFFE, *maniant le fichu d'Elmire.*

Mon Dieu ! que de ce point l'ouvrage est merveilleux !
On travaille aujourd'hui d'un air miraculeux ;
Jamais, en toute chose, on n'a vu si bien faire.

ELMIRE

Il est vrai. Mais parlons un peu de notre affaire.
On tient que mon mari veut dégager sa foi
Et vous donner sa fille. Est-il vrai, dites-moi ?

TARTUFFE

Il m'en a dit deux mots ; mais, madame, à vrai dire,
Ce n'est pas le bonheur après quoi je soupire ;
Et je vois autre part les merveilleux attraits
De la félicité qui fait tous mes souhaits.

ELMIRE

C'est que vous n'aimez rien des choses de la terre.

TARTUFFE

Mon sein n'enferme pas un cœur qui soit de pierre.

ELMIRE

Pour moi, je crois qu'au Ciel tendent tous vos soupirs,
Et que rien ici-bas n'arrête[1] vos désirs.

TARTUFFE

L'amour qui nous attache aux beautés éternelles
N'étouffe pas en nous l'amour des temporelles ;
Nos sens facilement peuvent être charmés[2]
Des ouvrages parfaits que le Ciel a formés.
Ses attraits réfléchis brillent dans vos pareilles ;
Mais il étale en vous ses plus rares merveilles :
Il a sur votre face épanché des beautés
Dont les yeux sont surpris, et les cœurs transportés,
Et je n'ai pu vous voir, parfaite créature,
Sans admirer en vous l'auteur de la nature,
Et d'une ardente amour sentir mon cœur atteint,
Au[3] plus beau des portraits où lui-même il s'est peint.
D'abord j'appréhendai que cette ardeur secrète
Ne fût du noir esprit une surprise adroite[4] ;

notes

1. **n'arrête** : ne retient.
2. **charmés** : envoûtés.
3. **Au** : devant le.
4. **adroite** : se prononçait « adrète », pour la rime.

passage analysé

Et même à fuir vos yeux mon cœur se résolut,
Vous croyant un obstacle à faire mon salut.
Mais enfin je connus, ô beauté toute aimable,
Que cette passion peut n'être point coupable,
Que je puis l'ajuster avecque[1] la pudeur,
Et c'est ce qui m'y fait abandonner mon cœur.
Ce m'est, je le confesse, une audace bien grande
Que d'oser de ce cœur vous adresser l'offrande ;
Mais j'attends en mes vœux tout de votre bonté,
Et rien des vains efforts de mon infirmité[2] ;
En vous est mon espoir, mon bien, ma quiétude,
De vous dépend ma peine ou ma béatitude[3],
Et je vais être enfin, par votre seul arrêt[4],
Heureux, si vous voulez, malheureux, s'il vous plaît.

ELMIRE

La déclaration est tout à fait galante,
Mais elle est, à vrai dire, un peu bien surprenante,
Vous deviez, ce me semble, armer mieux votre sein[5],
Et raisonner un peu sur un pareil dessein.
Un dévot comme vous, et que partout on nomme…

TARTUFFE

Ah ! pour être dévot, je n'en suis pas moins homme ;
Et lorsqu'on vient à voir vos célestes appas,
Un cœur se laisse prendre, et ne raisonne pas.
Je sais qu'un tel discours de moi paraît étrange ;
Mais, madame, après tout, je ne suis pas un ange ;
Et si vous condamnez l'aveu que je vous fais,

notes

1. **avecque :** ancienne orthographe de l'adverbe « avec » qui subsiste jusqu'à la fin du XVIIe siècle et dont la prononciation est plus agréable à l'oreille.
2. **infirmité :** faiblesse, manque de solidité.
3. **béatitude :** bonheur parfait (félicité des bienheureux dans les Évangiles).
4. **arrêt :** décision.
5. **sein :** cœur.

passage analysé

Vous devez vous en prendre à vos charmants attraits.
Dès que j'en vis briller la splendeur plus qu'humaine,
De mon intérieur[1] vous fûtes souveraine ;
De vos regards divins l'ineffable[2] douceur
Força la résistance où s'obstinait mon cœur ;
Elle surmonta tout, jeûnes, prières, larmes,
Et tourna tous mes vœux du côté de vos charmes.
Mes yeux et mes soupirs vous l'ont dit mille fois,
Et pour mieux m'expliquer j'emploie ici la voix.
Que si vous contemplez d'une âme un peu bénigne[3]
Les tribulations[4] de votre esclave indigne,
S'il faut que vos bontés veuillent me consoler
Et jusqu'à mon néant daignent se ravaler,
J'aurai toujours pour vous, ô suave merveille,
Une dévotion à nulle autre pareille.
Votre honneur avec moi ne court point de hasard,
Et n'a nulle disgrâce à craindre de ma part.
Tous ces galants de cour, dont les femmes sont folles,
Sont bruyants dans leurs faits et vains[5] dans leurs paroles,
De leurs progrès sans cesse on les voit se targuer ;
Ils n'ont point de faveurs qu'ils n'aillent divulguer ;
Et leur langue indiscrète, en qui l'on se confie,
Déshonore l'autel où leur cœur sacrifie.
Mais les gens comme nous brûlent d'un feu discret,
Avec qui pour toujours on est sûr du secret :
Le soin que nous prenons de notre renommée
Répond de toute chose à la personne aimée,
Et c'est en nous qu'on trouve, acceptant notre cœur,
De l'amour sans scandale et du plaisir sans peur.

notes

1. mon intérieur : mon cœur.
2. ineffable : inexprimable.
3. bénigne : bienveillante.
4. tribulations : tourment moral, épreuves envoyées par Dieu (dans le langage ecclésiastique).
5. vains : orgueilleux.

Acte III, scène 3

passage analysé

ELMIRE

Je vous écoute dire, et votre rhétorique
En termes assez forts à mon âme s'explique.
N'appréhendez-vous point que je ne sois d'humeur
À dire à mon mari cette galante[1] ardeur,
Et que le prompt avis d'un amour de la sorte
Ne pût bien altérer l'amitié qu'il vous porte ?

TARTUFFE

Je sais que vous avez trop de bénignité[2],
Et que vous ferez grâce à ma témérité,
Que vous m'excuserez sur[3] l'humaine faiblesse
Des violents transports d'un amour qui vous blesse,
Et considérerez, en regardant votre air,
Que l'on n'est pas aveugle, et qu'un homme est de chair.

ELMIRE

D'autres prendraient cela d'autre façon peut-être ;
Mais ma discrétion se veut faire paraître.
Je ne redirai point l'affaire à mon époux ;
Mais je veux en revanche une chose de vous :
C'est de presser tout franc et sans nulle chicane
L'union de Valère avecque Mariane,
De renoncer vous-même à l'injuste pouvoir[4]
Qui veut du bien d'un autre enrichir votre espoir,
Et…

notes

1. **galante :** amoureuse.
2. **bénignité :** bienveillance.
3. **sur :** en considérant.
4. **pouvoir :** Elmire évoque ici le pouvoir d'Orgon.

Scène 4

DAMIS, ELMIRE, TARTUFFE

DAMIS, *sortant du petit cabinet où il s'était retiré.*

Non, madame, non : ceci doit se répandre.
J'étais en cet endroit, d'où j'ai pu tout entendre ;
Et la bonté du Ciel m'y semble avoir conduit
Pour confondre l'orgueil d'un traître qui me nuit,
Pour m'ouvrir une voie à prendre la vengeance
De son hypocrisie et de son insolence,
À détromper mon père, et lui mettre en plein jour
L'âme d'un scélérat qui vous parle d'amour.

ELMIRE

Non, Damis : il suffit qu'il se rende plus sage,
Et tâche à mériter la grâce où je m'engage.
Puisque je l'ai promis, ne m'en dédites[1] pas.
Ce n'est point mon humeur de faire des éclats :
Une femme se rit de sottises pareilles,
Et jamais d'un mari n'en trouble les oreilles.

DAMIS

Vous avez vos raisons pour en user ainsi,
Et pour faire autrement j'ai les miennes aussi.
Le vouloir épargner est une raillerie ;
Et l'insolent orgueil de sa cagoterie[2]
N'a triomphé que trop de mon juste courroux,
Et que trop excité de désordres chez nous.
Le fourbe trop longtemps a gouverné mon père,

notes

1. **ne m'en dédites pas** : ne m'obligez pas à me rétracter.

2. **cagoterie** : fausse dévotion.

Et desservi mes feux avec ceux de Valère.
Il faut que du perfide il soit désabusé,
Et le Ciel pour cela m'offre un moyen aisé.
De cette occasion je lui suis redevable,
Et pour la négliger, elle est trop favorable :
Ce serait mériter qu'il me la vînt ravir
Que de l'avoir en main et ne m'en pas servir.

ELMIRE

Damis…

DAMIS

Non, s'il vous plaît, il faut que je me croie[1].
Mon âme est maintenant au comble de sa joie ;
Et vos discours en vain prétendent m'obliger
À quitter le plaisir de me pouvoir venger.
Sans aller plus avant, je vais vuider d'affaire[2] ;
Et voici justement de quoi me satisfaire.

Scène 5

ORGON, DAMIS, TARTUFFE, ELMIRE

DAMIS

Nous allons régaler, mon père, votre abord[3]
D'un incident tout frais qui vous surprendra fort.
Vous êtes bien payé de toutes vos caresses,
Et monsieur d'un beau prix reconnaît vos tendresses.
Son grand zèle pour vous vient de se déclarer :
Il ne va pas à moins qu'à vous déshonorer ;

notes

1. il faut que je me croie : il faut que je fasse comme je le sens.

2. vuider d'affaire : en finir avec cette affaire.

3. abord : arrivée.

Et je l'ai surpris là qui faisait à madame
L'injurieux aveu d'une coupable flamme.
Elle est d'une humeur douce, et son cœur trop discret
Voulait à toute force en garder le secret;
Mais je ne puis flatter une telle impudence[1]
Et crois que vous la taire est vous faire une offense.

ELMIRE

Oui, je tiens que jamais de tous ces vains propos
On ne doit d'un mari traverser[2] le repos,
Que ce n'est point de là que l'honneur peut dépendre
Et qu'il suffit pour nous de savoir nous défendre:
Ce sont mes sentiments; et vous n'auriez rien dit,
Damis, si j'avais eu sur vous quelque crédit.

Scène 6

ORGON, DAMIS, TARTUFFE

passage analysé

ORGON

Ce que je viens d'entendre, ô Ciel! est-il croyable?

TARTUFFE

Oui, mon frère, je suis un méchant, un coupable,
Un malheureux pécheur, tout plein d'iniquité[3],
Le plus grand scélérat qui jamais ait été;
Chaque instant de ma vie est chargé de souillures;
Elle n'est qu'un amas de crimes et d'ordures;
Et je vois que le Ciel, pour ma punition,
Me veut mortifier[4] en cette occasion.

notes

1. **impudence**: effronterie.
2. **traverser**: se mettre en travers, empêcher.
3. **iniquité**: injustice.
4. **mortifier**: humilier.

De quelque grand forfait[1] qu'on me puisse reprendre
Je n'ai garde d'avoir l'orgueil de m'en défendre.
Croyez ce qu'on vous dit, armez votre courroux,
Et comme un criminel chassez-moi de chez vous :
Je ne saurais avoir tant de honte en partage,
Que je n'en aie encor mérité davantage.

ORGON, *à son fils.*

Ah ! traître, oses-tu bien par cette fausseté
Vouloir de sa vertu ternir la pureté ?

DAMIS

Quoi ? la feinte douceur de cette âme hypocrite
Vous fera démentir... ?

ORGON

Tais-toi, peste maudite.

TARTUFFE

Ah ! laissez-le parler : vous l'accusez à tort,
Et vous ferez bien mieux de croire à son rapport.
Pourquoi sur un tel fait m'être si favorable ?
Savez-vous, après tout, de quoi je suis capable ?
Vous fiez-vous, mon frère, à mon extérieur ?
Et, pour tout ce qu'on voit, me croyez-vous meilleur ?
Non, non : vous vous laissez tromper à l'apparence,
Et je ne suis rien moins, hélas ! que ce qu'on pense ;
Tout le monde me prend pour un homme de bien ;
Mais la vérité pure est que je ne vaux rien.

(S'adressant à Damis.)

Oui, mon cher fils, parlez ; traitez-moi de perfide,
D'infâme, de perdu, de voleur, d'homicide ;

passage analysé

note

1. **forfait :** faute.

Dans une mise en scène de Lorraine Pintal au
Théâtre du Nouveau Monde (1996-1997),
Gérard Poirier interprétant Orgon et Gabriel Arcand, Tartuffe.

Acte III, scène 6

Accablez-moi de noms encor plus détestés :
Je n'y contredis point, je les ai mérités ;
Et j'en veux à genoux souffrir l'ignominie[1],
Comme une honte due aux crimes de ma vie.

ORGON, *à Tartuffe.*

Mon frère, c'en est trop.
(À son fils.)
Ton cœur ne se rend point,
Traître ?

DAMIS

Quoi ? ses discours vous séduiront[2] au point…

ORGON

Tais-toi, pendard.
(À Tartuffe.)
Mon frère, eh ! levez-vous, de grâce !
(À son fils.)
Infâme !

DAMIS

Il peut…

ORGON

Tais-toi.

DAMIS

J'enrage ! Quoi ? je passe…

ORGON

Si tu dis un seul mot, je te romprai les bras.

notes

1. **ignominie :** déshonneur.
2. **séduiront :** égareront.

TARTUFFE

Mon frère, au nom de Dieu, ne vous emportez pas.
J'aimerais mieux souffrir la peine la plus dure,
Qu'il eût reçu pour moi la moindre égratignure.

ORGON, *à son fils.*

Ingrat !

TARTUFFE

Laissez-le en paix[1]. S'il faut, à deux genoux,
Vous demander sa grâce…

ORGON, *se jetant à genoux, à Tartuffe.*

Hélas ! vous moquez-vous ?

(À son fils.)

Coquin[2] ! vois sa bonté.

DAMIS

Donc…

ORGON

Paix !

DAMIS

Quoi ? je…

ORGON

Paix ! dis-je.
Je sais bien quel motif à l'attaquer t'oblige :
Vous le haïssez tous ; et je vois aujourd'hui
Femme, enfants, et valets déchaînés contre lui ;

notes

1. laissez-le en paix : le e s'élide afin de maintenir l'alexandrin du vers 293 ; prononcez « laissez l'en paix ».

2. Coquin : scélérat, escroc.

passage analysé

On met impudemment toute chose en usage,
Pour ôter de chez moi ce dévot personnage.
Mais plus on fait d'efforts afin de l'en bannir,
Plus j'en veux employer à l'y mieux retenir;
Et je vais me hâter de lui donner ma fille,
Pour confondre[1] l'orgueil de toute ma famille.

DAMIS

À recevoir sa main on pense l'obliger?

ORGON

Oui, traître, et dès ce soir, pour vous faire enrager.
Ah! je vous brave tous, et vous ferai connaître
Qu'il faut qu'on m'obéisse et que je suis le maître.
Allons, qu'on se rétracte, et qu'à l'instant, fripon,
On se jette à ses pieds pour demander pardon.

DAMIS

Qui, moi? de ce coquin, qui, par ses impostures…

ORGON

Ah! tu résistes, gueux, et lui dis des injures?
Un bâton! un bâton!
(À Tartuffe.)

Ne me retenez pas.

(À son fils.)

Sus[2], que de ma maison on sorte de ce pas,
Et que d'y revenir on n'ait jamais l'audace.

DAMIS

Oui, je sortirai; mais…

notes

1. **confondre**: mettre dans la confusion et réduire au silence.

2. **Sus**: allons.

passage analysé

ORGON

Vite, quittons la place.
Je te prive, pendard, de ma succession,
Et te donne de plus ma malédiction.

Scène 7

ORGON, TARTUFFE

ORGON

Offenser de la sorte une sainte personne !

TARTUFFE

Ô Ciel ! pardonne-lui la douleur qu'il me donne !
(À Orgon.)
Si vous pouviez savoir avec quel déplaisir,
Je vois qu'envers mon frère on tâche à me noircir…

ORGON

Hélas !

TARTUFFE

Le seul penser de cette ingratitude
Fait souffrir à mon âme un supplice si rude…
L'horreur que j'en conçois… J'ai le cœur si serré,
Que je ne puis parler, et crois que j'en mourrai.

ORGON

(Il court tout en larmes à la porte par où il a chassé son fils.)
Coquin ! je me repens que ma main t'ait fait grâce,
Et ne t'ait pas d'abord assommé sur la place.
Remettez-vous, mon frère, et ne vous fâchez pas.

Acte III, scène 7

passage analysé

TARTUFFE

Rompons, rompons le cours de ces fâcheux débats.
Je regarde céans quels grands troubles j'apporte,
Et crois qu'il est besoin, mon frère, que j'en sorte.

ORGON

Comment? vous moquez-vous?

TARTUFFE

On m'y hait, et je voi
Qu'on cherche à vous donner des soupçons de ma foi[1].

ORGON

Qu'importe? Voyez-vous que mon cœur les écoute?

TARTUFFE

On ne manquera pas de poursuivre, sans doute;
Et ces mêmes rapports qu'ici vous rejetez
Peut-être une autre fois seront-ils écoutés.

ORGON

Non, mon frère, jamais.

TARTUFFE

Ah! mon frère, une femme
Aisément d'un mari peut bien surprendre[2] l'âme.

ORGON

Non, non.

TARTUFFE

Laissez-moi vite, en m'éloignant d'ici,
Leur ôter tout sujet de m'attaquer ainsi.

ORGON

Non, vous demeurerez: il y va de ma vie.

notes

1. de ma foi : sur ma sincérité, ma franchise.

2. surprendre : tromper.

passage analysé

TARTUFFE

Hé bien ! il faudra donc que je me mortifie.
Pourtant, si vous vouliez…

ORGON

Ah !

TARTUFFE

Soit : n'en parlons plus.
Mais je sais comme il faut en user là-dessus.
L'honneur est délicat, et l'amitié m'engage
À prévenir les bruits et les sujets d'ombrage.
Je fuirai votre épouse, et vous ne me verrez…

ORGON

Non, en dépit de tous, vous la fréquenterez.
Faire enrager le monde est ma plus grande joie,
Et je veux qu'à toute heure avec elle on vous voie.
Ce n'est pas tout encor : pour les mieux braver tous,
Je ne veux point avoir d'autre héritier que vous,
Et je vais de ce pas, en fort bonne manière,
Vous faire de mon bien donation entière.
Un bon et franc ami, que pour gendre je prends,
M'est bien plus cher que fils, que femme, et que parents.
N'accepterez-vous pas ce que je vous propose ?

TARTUFFE

La volonté du Ciel soit faite en toute chose !

ORGON

Le pauvre homme ! Allons vite en dresser un écrit,
Et que puisse l'envie en crever de dépit !

Scène 1

CLÉANTE, TARTUFFE

CLÉANTE

Oui, tout le monde en parle, et vous m'en pouvez croire,
L'éclat que fait ce bruit n'est point à votre gloire ;
Et je vous ai trouvé, monsieur, fort à propos,
Pour vous en dire net ma pensée en deux mots.
Je n'examine point à fond ce qu'on expose ;
Je passe là-dessus, et prends au pis[1] la chose.
Supposons que Damis n'en ait pas bien usé,
Et que ce soit à tort qu'on vous ait accusé :
N'est-il pas d'un chrétien de pardonner l'offense,
Et d'éteindre en son cœur tout désir de vengeance ?
Et devez-vous souffrir, pour votre démêlé,

note

1. **Je [...] prends au pis la chose :** je considère que la chose est très grave (au pire).

Que du logis d'un père un fils soit exilé ?
Je vous le dis encore, et parle avec franchise,
Il n'est petit ni grand qui ne s'en scandalise ;
Et si vous m'en croyez, vous pacifierez tout,
Et ne pousserez point les affaires à bout.
Sacrifiez à Dieu toute votre colère,
Et remettez le fils en grâce avec le père.

TARTUFFE

Hélas ! je le voudrais, quant à moi, de bon cœur :
Je ne garde pour lui, monsieur, aucune aigreur ;
Je lui pardonne tout, de rien je ne le blâme,
Et voudrais le servir du meilleur de mon âme ;
Mais l'intérêt du Ciel n'y saurait consentir,
Et s'il rentre céans, c'est à moi d'en sortir.
Après son action, qui n'eut jamais d'égale,
Le commerce[1] entre nous porterait du scandale.
Dieu sait ce que d'abord tout le monde en croirait !
À pure politique on me l'imputerait[2] ;
Et l'on dirait partout que, me sentant coupable,
Je feins pour qui m'accuse un zèle charitable,
Que mon cœur l'appréhende et veut le ménager,
Pour le pouvoir sous main[3] au silence engager.

CLÉANTE

Vous nous payez ici d'excuses colorées[4],
Et toutes vos raisons, monsieur, sont trop tirées.
Des intérêts du Ciel pourquoi vous chargez-vous ?
Pour punir le coupable a-t-il besoin de nous ?

notes

1. commerce : relation.
2. À pure politique on me l'imputerait : on m'accuserait d'agir par pur calcul.
3. sous main : secrètement.
4. colorées : déguisées, artificielles.

Laissez-lui, laissez-lui le soin de ses vengeances;
Ne songez qu'au pardon qu'il prescrit des offenses;
Et ne regardez point aux jugements humains,
Quand vous suivez du Ciel les ordres souverains.
Quoi? le faible intérêt de ce qu'on pourra croire
D'une bonne action empêchera la gloire?
Non, non: faisons toujours ce que le Ciel prescrit,
Et d'aucun autre soin ne nous brouillons l'esprit.

TARTUFFE

Je vous ai déjà dit que mon cœur lui pardonne,
Et c'est faire, monsieur, ce que le Ciel ordonne;
Mais après le scandale et l'affront d'aujourd'hui,
Le Ciel n'ordonne pas que je vive avec lui.

CLÉANTE

Et vous ordonne-t-il, monsieur, d'ouvrir l'oreille
À ce qu'un pur caprice à son père conseille,
Et d'accepter le don qui vous est fait d'un bien
Où le droit vous oblige à ne prétendre rien?

TARTUFFE

Ceux qui me connaîtront n'auront pas la pensée
Que ce soit un effet d'une âme intéressée.
Tous les biens de ce monde ont pour moi peu d'appas,
De leur éclat trompeur je ne m'éblouis pas;
Et si je me résous à recevoir du père
Cette donation qu'il a voulu me faire,
Ce n'est, à dire vrai, que parce que je crains
Que tout ce bien ne tombe en de méchantes mains,
Qu'il ne trouve des gens qui, l'ayant en partage,
En fassent dans le monde un criminel usage,
Et ne s'en servent pas, ainsi que j'ai dessein,
Pour la gloire du Ciel et le bien du prochain.

CLÉANTE

Hé, monsieur, n'ayez point ces délicates craintes,
Qui d'un juste héritier peuvent causer les plaintes ;
Souffrez[1], sans vous vouloir embarrasser de rien,
Qu'il soit à ses périls possesseur de son bien ;
Et songez qu'il vaut mieux encor qu'il en mésuse[2],
Que si de l'en frustrer il faut qu'on vous accuse.
J'admire[3] seulement que sans confusion
Vous en ayez souffert la proposition ;
Car enfin le vrai zèle a-t-il quelque maxime
Qui montre à dépouiller l'héritier légitime ?
Et s'il faut que le Ciel dans votre cœur ait mis
Un invincible obstacle à vivre avec Damis,
Ne vaudrait-il pas mieux qu'en personne discrète
Vous fissiez de céans une honnête retraite,
Que de souffrir ainsi, contre toute raison,
Qu'on en chasse pour vous le fils de la maison ?
Croyez-moi, c'est donner de votre prud'homie[4],
Monsieur…

TARTUFFE

Il est, monsieur, trois heures et demie :
Certain devoir pieux me demande là-haut,
Et vous m'excuserez de vous quitter sitôt.

CLÉANTE

Ah !

notes

1. **Souffrez :** permettez.
2. **en mésuse :** en use mal.
3. **J'admire :** je m'étonne.
4. **prud'homie :** probité.

Scène 2

ELMIRE, MARIANE, DORINE, CLÉANTE

DORINE, *à Cléante.*

De grâce, avec nous employez-vous pour elle,
Monsieur : son âme souffre une douleur mortelle ;
Et l'accord que son père a conclu pour ce soir
La fait, à tous moments, entrer en désespoir.
Il va venir. Joignons nos efforts, je vous prie,
Et tâchons d'ébranler, de force ou d'industrie[1],
Ce malheureux dessein qui nous a tous troublés.

Scène 3

ORGON, ELMIRE, MARIANE, CLÉANTE, DORINE

ORGON

Ha ! je me réjouis de vous voir assemblés :
(À Mariane.)
Je porte en ce contrat[2] de quoi vous faire rire,
Et vous savez déjà ce que cela veut dire.

MARIANE, *à genoux.*

Mon père, au nom du Ciel, qui connaît ma douleur,
Et par tout ce qui peut émouvoir votre cœur,
Relâchez-vous un peu des droits de la naissance[3],
Et dispensez mes vœux de cette obéissance,
Ne me réduisez point par cette dure loi

notes

1. **d'industrie :** avec ingéniosité.
2. **contrat :** il s'agit du contrat de mariage de Tartuffe et de Mariane.
3. **des droits de la naissance :** droits du père sur ses enfants.

Jusqu'à me plaindre au Ciel de ce que je vous doi[1],
Et cette vie, hélas ! que vous m'avez donnée,
Ne me la rendez pas, mon père, infortunée.
Si, contre un doux espoir que j'avais pu former,
Vous me défendez d'être à ce que j'ose aimer,
Au moins, par vos bontés, qu'à vos genoux j'implore,
Sauvez-moi du tourment d'être à ce que j'abhorre[2],
Et ne me portez point à quelque désespoir,
En vous servant sur moi de tout votre pouvoir.

ORGON, *se sentant attendrir.*

Allons, ferme, mon cœur, point de faiblesse humaine.

MARIANE

Vos tendresses pour lui ne me font point de peine ;
Faites-les éclater, donnez-lui votre bien,
Et, si ce n'est assez, joignez-y tout le mien :
J'y consens de bon cœur, et je vous l'abandonne ;
Mais au moins n'allez pas jusques à ma personne,
Et souffrez qu'un couvent dans les austérités
Use les tristes jours que le Ciel m'a comptés.

ORGON

Ah ! voilà justement de mes religieuses,
Lorsqu'un père combat leurs flammes amoureuses !
Debout ! Plus votre cœur répugne à l'accepter,
Plus ce sera pour vous matière à mériter :
Mortifiez vos sens avec ce mariage,
Et ne me rompez pas la tête davantage.

DORINE

Mais quoi… ?

notes

1. doi : rime pour l'œil.

2. abhorre : déteste.

ORGON

Taisez-vous, vous ; parlez à votre écot[1] :
Je vous défends tout net d'oser dire un seul mot.

CLÉANTE

Si par quelque conseil vous souffrez qu'on réponde…

ORGON

Mon frère, vos conseils sont les meilleurs du monde,
Ils sont bien raisonnés, et j'en fais un grand cas ;
Mais vous trouverez bon que je n'en use pas.

ELMIRE, *à son mari.*

À voir ce que je vois, je ne sais plus que dire,
Et votre aveuglement fait que je vous admire :
C'est être bien coiffé, bien prévenu de lui[2],
Que de nous démentir sur le fait d'aujourd'hui.

ORGON

Je suis votre valet[3], et crois les apparences.
Pour mon fripon de fils je sais vos complaisances,
Et vous avez eu peur de le désavouer
Du trait[4] qu'à ce pauvre homme il a voulu jouer ;
Vous étiez trop tranquille enfin pour être crue,
Et vous auriez paru d'autre manière émue.

ELMIRE

Est-ce qu'au simple aveu d'un amoureux transport
Il faut que notre honneur se gendarme[5] si fort ?
Et ne peut-on répondre à tout ce qui le touche

notes

1. **écot**: dans une compagnie de convives, part qui doit être payée par chaque convive ; ici « *parlez à votre écot* » signifie « allez entretenir votre compagnie », autrement dit, au sens figuré, « mêlez-vous de vos affaires ».

2. **être […] bien prévenu de lui** : être bien disposé envers lui.

3. **Je suis votre valet**: je ne partage pas votre avis.

4. **trait**: mauvais tour.

5. **se gendarme**: s'irrite.

Que le feu dans les yeux et l'injure à la bouche ?
Pour moi, de tels propos je me ris simplement,
Et l'éclat là-dessus ne me plaît nullement ;
J'aime qu'avec douceur nous nous montrions sages,
Et ne suis point du tout pour ces prudes[1] sauvages
Dont l'honneur est armé de griffes et de dents,
Et veut au moindre mot dévisager[2] les gens :
Me préserve le Ciel d'une telle sagesse !
Je veux une vertu qui ne soit point diablesse,
Et crois que d'un refus la discrète froideur
N'en est pas moins puissante à rebuter un cœur.

ORGON

Enfin je sais l'affaire et ne prends point le change[3].

ELMIRE

J'admire, encore un coup, cette faiblesse étrange,
Mais que me répondrait votre incrédulité
Si je vous faisais voir qu'on vous dit vérité ?

ORGON

Voir ?

ELMIRE

Oui.

ORGON

Chansons !

ELMIRE

Mais quoi ? si je trouvais manière
De vous le faire voir avec pleine lumière ?

notes

1. **prudes :** personnes qui pratiquent la vertu de manière outrée.
2. **dévisager :** défigurer.
3. **je [...] ne prends point le change :** je ne me laisse point tromper (terme de chasse qui désigne les chiens qui se lancent sur une fausse piste).

Acte IV, scène 3

ORGON

Contes en l'air!

ELMIRE

Quel homme! Au moins répondez-moi.
Je ne vous parle pas de nous ajouter foi;
Mais supposons ici que, d'un lieu qu'on peut prendre[1],
On vous fît clairement tout voir et tout entendre,
Que diriez-vous alors de votre homme de bien?

ORGON

En ce cas, je dirais que... Je ne dirais rien,
Car cela ne se peut.

ELMIRE

L'erreur trop longtemps dure,
Et c'est trop condamner ma bouche d'imposture.
Il faut que par plaisir, et sans aller plus loin
De tout ce qu'on vous dit je vous fasse témoin.

ORGON

Soit: je vous prends au mot. Nous verrons votre adresse,
Et comment vous pourrez remplir cette promesse.

ELMIRE, *à Dorine.*

Faites-le-moi venir.

DORINE

Son esprit est rusé,
Et peut-être à surprendre il sera malaisé.

ELMIRE

Non: on est aisément dupé par ce qu'on aime,

note

1. **prendre**: choisir.

Albert Millaire dans le rôle de Tartuffe en 1968, dans une mise en scène de Jean-Louis Roux au Théâtre du Nouveau Monde.

Et l'amour-propre engage à se tromper soi-même.
Faites-le-moi descendre.
(Parlant à Cléante et à Mariane.)
Et vous, retirez-vous.

Scène 4

ELMIRE, ORGON

ELMIRE

Approchons cette table, et vous mettez dessous.

ORGON

Comment ?

ELMIRE

Vous bien cacher est un point nécessaire.

ORGON

Pourquoi sous cette table ?

ELMIRE

Ah, mon Dieu ! laissez faire :
J'ai mon dessein en tête, et vous en jugerez.
Mettez-vous là, vous dis-je ; et quand vous y serez,
Gardez qu'on ne vous voie et qu'on ne vous entende.

ORGON

Je confesse qu'ici ma complaisance est grande ;
Mais de votre entreprise il vous faut voir sortir.

ELMIRE

Vous n'aurez, que je crois rien à me repartir[1].
(À son mari, qui est sous la table.)

note

1. **repartir** : répliquer.

Au moins, je vais toucher une étrange matière:
Ne vous scandalisez en aucune manière.
Quoi que je puisse dire, il[1] doit m'être permis,
Et c'est pour vous convaincre, ainsi que j'ai promis.
Je vais par des douceurs, puisque j'y suis réduite,
Faire poser le masque à cette âme hypocrite,
Flatter de son amour les désirs effrontés,
Et donner un champ libre à ses témérités.
Comme c'est pour vous seul, et pour mieux le confondre,
Que mon âme à ses vœux va feindre de répondre,
J'aurai lieu de cesser dès que vous vous rendrez,
Et les choses n'iront que jusqu'où vous voudrez.
C'est à vous d'arrêter son ardeur insensée,
Quand vous croirez l'affaire assez avant poussée,
D'épargner votre femme, et de ne m'exposer
Qu'à ce qu'il vous faudra pour vous désabuser:
Ce sont vos intérêts; vous en serez le maître,
Et… L'on vient. Tenez-vous, et gardez de paraître.

Scène 5

TARTUFFE, ELMIRE, ORGON

passage analysé

TARTUFFE

On m'a dit qu'en ce lieu vous me vouliez parler.

ELMIRE

Oui. L'on a des secrets à vous y révéler.
Mais tirez cette porte avant qu'on vous les dise,
Et regardez partout, de crainte de surprise.
(Tartuffe va fermer la porte et revient.)

note

1. **il**: cela.

passage analysé

Une affaire pareille à celle de tantôt,
N'est pas assurément ici ce qu'il nous faut.
Jamais il ne s'est vu de surprise de même ;
Damis m'a fait pour vous une frayeur extrême,
Et vous avez bien vu que j'ai fait mes efforts
Pour rompre son dessein et calmer ses transports.
Mon trouble, il est bien vrai, m'a si fort possédée,
Que de le démentir je n'ai point eu l'idée ;
Mais par là, grâce au Ciel, tout a bien mieux été,
Et les choses en sont dans plus de sûreté.
L'estime où l'on vous tient a dissipé l'orage,
Et mon mari de vous ne peut prendre d'ombrage.
Pour mieux braver l'éclat des mauvais jugements,
Il veut que nous soyons ensemble à tous moments ;
Et c'est par où je puis, sans peur d'être blâmée,
Me trouver ici seule avec vous enfermée,
Et ce qui m'autorise à vous ouvrir un cœur
Un peu trop prompt peut-être à souffrir votre ardeur.

TARTUFFE

Ce langage à comprendre est assez difficile,
Madame, et vous parliez tantôt d'un autre style.

ELMIRE

Ah ! si d'un tel refus vous êtes en courroux,
Que le cœur d'une femme est mal connu de vous !
Et que vous savez peu ce qu'il veut faire entendre
Lorsque si faiblement on le voit se défendre !
Toujours notre pudeur combat dans ces moments
Ce qu'on peut nous donner de tendres sentiments.
Quelque raison qu'on trouve à l'amour qui nous dompte,
On trouve à l'avouer toujours un peu de honte ;

passage analysé

On s'en défend d'abord ; mais de l'air qu'on s'y prend
On fait connaître assez que notre cœur se rend,
Qu'à nos vœux par honneur notre bouche s'oppose,
Et que de tels refus promettent toute chose.
C'est vous faire sans doute un assez libre aveu,
Et sur notre pudeur me ménager bien peu ;
Mais puisque la parole enfin en est lâchée,
À retenir Damis me serais-je attachée,
Aurais-je, je vous prie, avec tant de douceur
Écouté tout au long l'offre de votre cœur,
Aurais-je pris la chose ainsi qu'on m'a vu faire,
Si l'offre de ce cœur n'eût eu de quoi me plaire ?
Et lorsque j'ai voulu moi-même vous forcer
À refuser l'hymen qu'on venait d'annoncer,
Qu'est-ce que cette instance[1] a dû vous faire entendre,
Que[2] l'intérêt qu'en vous on s'avise de prendre,
Et l'ennui qu'on aurait que ce nœud qu'on résout
Vînt partager du moins un cœur que l'on veut tout ?

TARTUFFE

C'est sans doute, madame, une douceur extrême
Que d'entendre ces mots d'une bouche qu'on aime :
Leur miel dans tous mes sens fait couler à longs traits
Une suavité qu'on ne goûta jamais.
Le bonheur de vous plaire est ma suprême étude,
Et mon cœur de vos vœux[3] fait sa béatitude ;
Mais ce cœur vous demande ici la liberté
D'oser douter un peu de sa félicité.
Je puis croire ces mots un artifice honnête
Pour m'obliger à rompre un hymen qui s'apprête ;

notes

1. **instance** : insistance, prière.
2. **Que** : si ce n'est.
3. **vos vœux** : vos souhaits, c'est-à-dire votre amour.

Et s'il faut librement m'expliquer avec vous,
Je ne me fierai point à des propos si doux,
Qu'[1]un peu de vos faveurs, après quoi je soupire,
Ne vienne m'assurer tout ce qu'ils m'ont pu dire,
Et planter dans mon âme une constante foi[2]
Des charmantes bontés que vous avez pour moi.

ELMIRE *(Elle tousse pour avertir son mari.)*

Quoi ? vous voulez aller avec cette vitesse,
Et d'un cœur tout d'abord épuiser la tendresse ?
On se tue à vous faire un aveu des plus doux ;
Cependant ce n'est pas encore assez pour vous,
Et l'on ne peut aller jusqu'à vous satisfaire,
Qu'aux dernières faveurs on ne pousse l'affaire[3] ?

TARTUFFE

Moins on mérite un bien, moins on l'ose espérer.
Nos vœux sur des discours ont peine à s'assurer.
On soupçonne aisément un sort tout plein de gloire,
Et l'on veut en jouir avant que de le croire.
Pour moi, qui crois si peu mériter vos bontés,
Je doute du bonheur de mes témérités ;
Et je ne croirai rien, que vous n'ayez, madame,
Par des réalités su convaincre ma flamme.

ELMIRE

Mon Dieu, que votre amour en vrai tyran agit,
Et qu'en un trouble étrange il me jette l'esprit !
Que sur les cœurs il prend un furieux empire,
Et qu'avec violence il veut ce qu'il désire !

passage analysé

notes

1. **Qu'** : à moins que.
2. **foi** : assurance indubitable.
3. **Qu'[...] on ne pousse l'affaire** : (« si l'on ne pousse pas ») si l'on ne nous accorde pas les dernières faveurs.

Quoi ? de votre poursuite on ne peut se parer,
Et vous ne donnez pas le temps de respirer ?
Sied-il bien de tenir une rigueur si grande,
De vouloir sans quartier les choses qu'on demande,
Et d'abuser ainsi par vos efforts pressants
Du faible que pour vous vous voyez qu'ont les gens ?

TARTUFFE

Mais si d'un œil bénin[1] vous voyez mes hommages,
Pourquoi m'en refuser d'assurés témoignages ?

ELMIRE

Mais comment consentir à ce que vous voulez,
Sans offenser le Ciel, dont toujours vous parlez ?

TARTUFFE

Si ce n'est que le Ciel qu'à mes vœux on oppose,
Lever un tel obstacle est à moi peu de chose,
Et cela ne doit pas retenir votre cœur.

ELMIRE

Mais des arrêts du Ciel[2] on nous fait tant de peur !

TARTUFFE

Je puis vous dissiper ces craintes ridicules,
Madame, et je sais l'art de lever les scrupules.
Le Ciel défend, de vrai, certains contentements ;

(C'est un scélérat qui parle.)

Mais on trouve avec lui des accommodements ;
Selon divers besoins, il est une science[3]

passage analyse

notes

1. **bénin :** bienveillant.
2. **arrêts du Ciel :** commandements du Ciel.
3. **science :** la direction d'intention selon la casuistique jésuite attaquée dans *Les provinciales* de Pascal, 7e lettre.

Acte IV, scène 5

passage analysé

D'étendre les liens de notre conscience,
Et de rectifier le mal de l'action
Avec la pureté de notre intention.
De ces secrets, madame, on saura vous instruire ;
Vous n'avez seulement qu'à vous laisser conduire.
Contentez mon désir, et n'ayez point d'effroi :
Je vous réponds de tout, et prends le mal sur moi.

(Elmire tousse plus fort.)

Vous toussez fort, madame.

ELMIRE

Oui, je suis au supplice.

TARTUFFE, *présentant à Elmire un cornet de papier.*

Vous plaît-il un morceau de ce jus de réglisse ?

ELMIRE

C'est un rhume obstiné, sans doute ; et je vois bien
Que tous les jus du monde ici ne feront rien.

TARTUFFE

Cela certes est fâcheux.

ELMIRE

Oui, plus qu'on ne peut dire.

TARTUFFE

Enfin votre scrupule est facile à détruire :
Vous êtes assurée ici d'un plein secret,
Et le mal n'est jamais que dans l'éclat qu'on fait ;
Le scandale du monde est ce qui fait l'offense,
Et ce n'est pas pécher que pécher en silence.

passage analysé

ELMIRE, *après avoir encore toussé.*

Enfin je vois qu'il faut se résoudre à céder,
Qu'il faut que je consente à vous tout accorder,
Et qu'à moins de cela je ne dois point prétendre
Qu'on puisse être content, et qu'on veuille se rendre.
Sans doute il est fâcheux d'en venir jusque-là,
Et c'est bien malgré moi que je franchis cela;
Mais puisque l'on s'obstine à m'y vouloir réduire,
Puisqu'on ne veut point croire à tout ce qu'on peut dire,
Et qu'on veut des témoins qui soient plus convaincants,
Il faut bien s'y résoudre, et contenter les gens.
Si ce consentement porte en soi quelque offense,
Tant pis pour qui me force à cette violence;
La faute assurément n'en doit pas être à moi.

TARTUFFE

Oui, madame, on s'en charge, et la chose de soi…

ELMIRE

Ouvrez un peu la porte, et voyez, je vous prie,
Si mon mari n'est point dans cette galerie.

TARTUFFE

Qu'est-il besoin pour lui du soin que vous prenez?
C'est un homme, entre nous, à mener par le nez;
De tous nos entretiens il est pour faire gloire[1],
Et je l'ai mis au point de voir tout sans rien croire.

ELMIRE

Il n'importe: sortez, je vous prie, un moment,
Et partout, là-dehors voyez exactement.

note

1. **pour faire gloire :** capable de se vanter.

Scène 6

ORGON, ELMIRE

ORGON, *sortant de dessous la table.*

Voilà, je vous l'avoue, un abominable homme !
Je n'en puis revenir, et tout ceci m'assomme.

ELMIRE

Quoi ? vous sortez sitôt ? vous vous moquez des gens.
Rentrez sous le tapis, il n'est pas encor temps ;
Attendez jusqu'au bout pour voir les choses sûres,
Et ne vous fiez point aux simples conjectures.

ORGON

Non, rien de plus méchant n'est sorti de l'enfer.

ELMIRE

Mon Dieu ! l'on ne doit point croire trop de léger[1].
Laissez-vous bien convaincre avant que de vous rendre,
Et ne vous hâtez point, de peur de vous méprendre.

(Elle fait mettre son mari derrière elle.)

Scène 7

TARTUFFE, ELMIRE, ORGON

TARTUFFE, *sans voir Orgon.*

Tout conspire, madame, à mon contentement :
J'ai visité de l'œil tout cet appartement ;
Personne ne s'y trouve ; et mon âme ravie…

note

1. de léger : à la légère.

ORGON, *en l'arrêtant.*

Tout doux! vous suivez trop votre amoureuse envie,
Et vous ne devez pas vous tant passionner.
Ah! Ah! l'homme de bien, vous m'en voulez donner[1]!
Comme aux tentations s'abandonne votre âme!
Vous épousiez ma fille, et convoitiez ma femme!
J'ai douté fort longtemps que ce fût tout de bon,
Et je croyais toujours qu'on changerait de ton;
Mais c'est assez avant pousser le témoignage:
Je m'y tiens, et n'en veux, pour moi, pas davantage.

ELMIRE, *à Tartuffe.*

C'est contre mon humeur que j'ai fait tout ceci;
Mais on m'a mise au point de vous traiter ainsi.

TARTUFFE

Quoi? vous croyez...?

ORGON

Allons, point de bruit, je vous prie.
Dénichons[2] de céans, et sans cérémonie.

TARTUFFE

Mon dessein...

ORGON

Ces discours ne sont plus de saison:
Il faut, tout sur-le-champ, sortir de la maison.

TARTUFFE

C'est à vous d'en sortir, vous qui parlez en maître:
La maison m'appartient, je le ferai connaître[3],
Et vous montrerai bien qu'en vain on a recours,
Pour me chercher querelle, à ces lâches détours,

notes

1. **vous m'en voulez donner:** vous vouliez me duper.

2. **Dénichons:** sortons.

3. **je le ferai connaître:** j'en informerai la justice.

Qu'on n'est pas où l'on pense[1] en me faisant injure,
Que j'ai de quoi confondre et punir l'imposture,
Venger le Ciel qu'on blesse, et faire repentir
Ceux qui parlent ici de me faire sortir.

Scène 8

ELMIRE, ORGON

ELMIRE

Quel est donc ce langage ? et qu'est-ce qu'il veut dire ?

ORGON

Ma foi, je suis confus, et n'ai pas lieu de rire.

ELMIRE

Comment ?

ORGON

Je vois ma faute aux choses qu'il me dit,
Et la donation[2] m'embarrasse l'esprit.

ELMIRE

La donation ?...

ORGON

Oui, c'est une affaire faite.
Mais j'ai quelque autre chose encor qui m'inquiète.

ELMIRE

Et quoi ?

ORGON

Vous saurez tout. Mais voyons au plus tôt
Si certaine cassette est encore là-haut.

notes

1. **Qu'on n'est pas où l'on pense** : qu'on se trompe de situation.
2. **donation** : prononcer en diérèse : « do-na-ti-on » ; il s'agit du don qu'Orgon a fait gratuitement de son bien à Tartuffe (*cf.* vers 356, p. 138).

Molière démasquant l'imposture. Frontispice d'une édition de 1844, Bibliothèque de l'Arsenal, Paris.

Acte V

Scène 1

ORGON, CLÉANTE

CLÉANTE

Où voulez-vous courir ?

ORGON

Las ! que sais-je ?

CLÉANTE

Il me semble
Que l'on doit commencer par consulter ensemble
Les choses qu'on peut faire en cet événement.

ORGON

Cette cassette-là me trouble entièrement ;
Plus que le reste encor elle me désespère.

CLÉANTE

Cette cassette est donc un important mystère ?

ORGON

C'est un dépôt qu'Argas, cet ami que je plains[1],
Lui-même, en grand secret, m'a mis entre les mains:
Pour cela, dans sa fuite, il me voulut élire;
Et ce sont des papiers, à ce qu'il m'a pu dire,
Où sa vie et ses biens se trouvent attachés.

CLÉANTE

Pourquoi donc les avoir en d'autres mains lâchés?

ORGON

Ce fut par un motif de cas de conscience:
J'allai droit à mon traître en faire confidence;
Et son raisonnement me vint persuader
De lui donner plutôt la cassette à garder,
Afin que, pour nier, en cas de quelque enquête,
J'eusse d'un faux-fuyant la faveur toute prête,
Par où ma conscience eût pleine sûreté
À faire des serments contre la vérité[2].

CLÉANTE

Vous voilà mal, au moins si j'en crois l'apparence;
Et la donation, et cette confidence,
Sont, à vous en parler selon mon sentiment,
Des démarches par vous faites légèrement.
On peut vous mener loin avec de pareils gages;
Et cet homme sur vous ayant ces avantages,
Le pousser[3] est encor grande imprudence à vous,
Et vous deviez[4] chercher quelque biais plus doux.

notes

1. **plains**: regrette.
2. **vérité**: Orgon peut mentir en toute impunité puisque celui qui détient la cassette est désormais Tartuffe; c'est le procédé de la restriction mentale.
3. **Le pousser**: le pousser à bout.
4. **deviez**: auriez dû (l'imparfait de l'indicatif en latin marque l'irréel du passé).

ORGON

Quoi ? sous un beau semblant de ferveur si touchante
Cacher un cœur si double, une âme si méchante !
Et moi qui l'ai reçu gueusant[1] et n'ayant rien...
C'en est fait, je renonce à tous les gens de bien :
J'en aurai désormais une horreur effroyable,
Et m'en vais devenir pour eux pire qu'un diable.

CLÉANTE

Hé bien ! ne voilà pas de vos emportements !
Vous ne gardez en rien les doux tempéraments ;
Dans la droite raison jamais n'entre la vôtre,
Et toujours d'un excès vous vous jetez dans l'autre.
Vous voyez votre erreur, et vous avez connu
Que par un zèle feint vous étiez prévenu[2] ;
Mais pour vous corriger, quelle raison demande
Que vous alliez passer dans une erreur plus grande,
Et qu'avecque le cœur d'un perfide vaurien
Vous confondiez les cœurs de tous les gens de bien ?
Quoi ? parce qu'un fripon vous dupe avec audace
Sous le pompeux éclat d'une austère grimace,
Vous voulez que partout on soit fait comme lui,
Et qu'aucun vrai dévot ne se trouve aujourd'hui ?
Laissez aux libertins ces sottes conséquences ;
Démêlez la vertu d'avec ses apparences,
Ne hasardez jamais votre estime trop tôt,
Et soyez pour cela dans le milieu qu'il faut :
Gardez-vous, s'il se peut, d'honorer l'imposture,
Mais au vrai zèle aussi n'allez pas faire injure[3] ;

notes

1. **gueusant :** mendiant.
2. **prévenu :** favorablement disposé.
3. **injure :** injustice.

Et s'il vous faut tomber dans une extrémité,
Péchez plutôt encor de cet autre côté.

Scène 2

DAMIS, ORGON, CLÉANTE

DAMIS

Quoi ? mon père, est-il vrai qu'un coquin vous menace ?
Qu'il n'est point de bienfait qu'en son âme il n'efface,
Et que son lâche orgueil, trop digne de courroux,
Se fait de vos bontés des armes contre vous ?

ORGON

Oui, mon fils, et j'en sens des douleurs non pareilles.

DAMIS

Laissez-moi, je lui veux couper les deux oreilles :
Contre son insolence on ne doit point gauchir[1],
C'est à moi, tout d'un coup, de vous en affranchir,
Et pour sortir d'affaire, il faut que je l'assomme.

CLÉANTE

Voilà tout justement parler en vrai jeune homme.
Modérez, s'il vous plaît, ces transports éclatants :
Nous vivons sous un règne et sommes dans un temps
Où par la violence on fait mal ses affaires.

note

1. **gauchir** : fléchir.

Scène 3

MADAME PERNELLE, MARIANE, ELMIRE, DORINE, DAMIS, ORGON, CLÉANTE

MADAME PERNELLE

Qu'est-ce ? J'apprends ici de terribles mystères.

ORGON

Ce sont des nouveautés dont mes yeux sont témoins,
Et vous voyez le prix dont sont payés mes soins.
Je recueille avec zèle un homme en sa misère,
Je le loge, et le tiens comme mon propre frère ;
De bienfaits chaque jour il est par moi chargé ;
Je lui donne ma fille et tout le bien que j'ai ;
Et, dans le même temps, le perfide, l'infâme,
Tente le noir dessein de suborner[1] ma femme,
Et non content encor de ces lâches essais,
Il m'ose menacer de mes propres bienfaits,
Et veut, à[2] ma ruine, user des avantages
Dont le viennent d'armer mes bontés trop peu sages,
Me chasser de mes biens, où je l'ai transféré[3],
Et me réduire au point d'où je l'ai retiré.

DORINE

Le pauvre homme !

MADAME PERNELLE

Mon fils, je ne puis du tout croire
Qu'il ait voulu commettre une action si noire.

ORGON

Comment ?

notes

| **1. suborner :** séduire. | **2. à :** pour. | **3. transféré :** transmis (dont je l'ai fait propriétaire).

MADAME PERNELLE
Les gens de bien sont enviés toujours.

ORGON
Que voulez-vous donc dire avec votre discours,
Ma mère ?

MADAME PERNELLE
Que chez vous on vit d'étrange sorte,
Et qu'on ne sait que trop la haine qu'on lui porte.

ORGON
Qu'a cette haine à faire avec ce qu'on vous dit ?

MADAME PERNELLE
Je vous l'ai dit cent fois quand vous étiez petit :
La vertu dans le monde est toujours poursuivie ;
Les envieux mourront, mais non jamais l'envie.

ORGON
Mais que fait ce discours aux choses d'aujourd'hui ?

MADAME PERNELLE
On vous aura forgé cent sots contes de lui.

ORGON
Je vous ai dit déjà que j'ai vu tout moi-même.

MADAME PERNELLE
Des esprits médisants la malice est extrême.

ORGON
Vous me feriez damner, ma mère. Je vous di[1]
Que j'ai vu de mes yeux un crime si hardi.

note

1. **di** : orthographe étymologique pour les besoins de la rime pour l'œil.

MADAME PERNELLE

Les langues ont toujours du venin à répandre,
Et rien n'est ici-bas qui s'en puisse défendre.

ORGON

C'est tenir un propos de sens bien dépourvu.
Je l'ai vu, dis-je, vu, de mes propres yeux vu,
Ce qu'on appelle vu : faut-il vous le rebattre
Aux oreilles cent fois, et crier comme quatre ?

MADAME PERNELLE

Mon Dieu, le plus souvent l'apparence déçoit[1] :
Il ne faut pas toujours juger sur ce qu'on voit.

ORGON

J'enrage.

MADAME PERNELLE

Aux faux soupçons la nature est sujette,
Et c'est souvent à mal que le bien s'interprète.

ORGON

Je dois interpréter à charitable soin
Le désir d'embrasser ma femme ?

MADAME PERNELLE

Il est besoin,
Pour accuser les gens, d'avoir de justes causes ;
Et vous deviez[2] attendre à vous voir sûr des choses.

ORGON

Hé, diantre ! le moyen de m'en assurer mieux ?
Je devais donc, ma mère, attendre qu'à mes yeux
Il eût... Vous me feriez dire quelque sottise.

notes

1. **déçoit**: trompe.

2. **deviez**: auriez dû.

MADAME PERNELLE

Enfin d'un trop pur zèle on voit son âme éprise;
Et je ne puis du tout me mettre dans l'esprit
Qu'il ait voulu tenter les choses que l'on dit.

ORGON

Allez, je ne sais pas, si vous n'étiez ma mère,
Ce que je vous dirais, tant je suis en colère.

DORINE, *à Orgon.*

Juste retour, monsieur, des choses d'ici-bas:
Vous ne vouliez point croire, et l'on ne vous croit pas.

CLÉANTE

Nous perdons des moments en bagatelles pures,
Qu'il faudrait employer à prendre des mesures.
Aux[1] menaces du fourbe on doit ne dormir point.

DAMIS

Quoi? son effronterie irait jusqu'à ce point?

ELMIRE

Pour moi, je ne crois pas cette instance[2] possible,
Et son ingratitude est ici trop visible.

CLÉANTE

Ne vous y fiez pas: il aura des ressorts
Pour donner contre vous raison à ses efforts;
Et sur moins que cela, le poids d'une cabale
Embarrasse les gens dans un fâcheux dédale.
Je vous le dis encor: armé de ce qu'il a,
Vous ne deviez jamais le pousser jusque-là.

notes

1. **Aux**: devant, contre.

2. **instance**: poursuite en justice.

ORGON

Il est vrai ; mais qu'y faire ? À[1] l'orgueil de ce traître,
De mes ressentiments je n'ai pas été maître.

CLÉANTE

Je voudrais, de bon cœur, qu'on pût entre vous deux
De quelque ombre de paix raccommoder les nœuds[2].

ELMIRE

Si j'avais su qu'en main il a de telles armes,
Je n'aurais pas donné matière à tant d'alarmes,
Et mes…

ORGON, *à Dorine, voyant entrer M. Loyal.*

Que veut cet homme ? Allez tôt[3] le savoir.
Je suis bien en état que l'on me vienne voir !

Scène 4

MONSIEUR LOYAL, MADAME PERNELLE, ORGON, DAMIS, MARIANE, DORINE, ELMIRE, CLÉANTE

MONSIEUR LOYAL

Bonjour, ma chère sœur[4], faites, je vous supplie,
Que je parle à monsieur.

DORINE

Il est en compagnie,
Et je doute qu'il puisse à présent voir quelqu'un.

notes

1. **À** : devant.
2. **raccommoder les nœuds** : rétablir des rapports paisibles.
3. **tôt** : vite.
4. **sœur** : forme de salutation religieuse utilisée par les dévots entre eux.

MONSIEUR LOYAL

Je ne suis pas pour être en ces lieux importun.
Mon abord n'aura rien, je crois, qui lui déplaise ;
Et je viens pour un fait dont il sera bien aise.

DORINE

Votre nom ?

MONSIEUR LOYAL

Dites-lui seulement que je vien[1]
De la part de monsieur Tartuffe, pour son bien.

DORINE, *à Orgon.*

C'est un homme qui vient, avec douce manière,
De la part de monsieur Tartuffe, pour affaire
Dont vous serez, dit-il, bien aise.

CLÉANTE, *à Orgon.*

Il vous faut voir
Ce que c'est que cet homme, et ce qu'il peut vouloir.

ORGON

Pour nous raccommoder il vient ici peut-être :
Quels sentiments aurai-je à lui faire paraître ?

CLÉANTE

Votre ressentiment ne doit point éclater ;
Et s'il parle d'accord, il le faut écouter.

MONSIEUR LOYAL, *à Orgon.*

Salut, monsieur. Le Ciel perde qui vous veut nuire,
Et vous soit favorable autant que je désire !

note

1. **vien** : rime pour l'œil.

ORGON, *bas à Cléante.*

Ce doux début s'accorde avec mon jugement,
Et présage déjà quelque accommodement.

MONSIEUR LOYAL

Toute votre maison m'a toujours été chère,
Et j'étais serviteur de monsieur votre père.

ORGON

Monsieur, j'ai grande honte et demande pardon
D'être sans vous connaître ou savoir votre nom.

MONSIEUR LOYAL

Je m'appelle Loyal, natif de Normandie,
Et suis huissier à verge[1], en dépit de l'envie.
J'ai depuis quarante ans, grâce au Ciel, le bonheur
D'en exercer la charge avec beaucoup d'honneur;
Et je vous viens, monsieur, avec votre licence[2],
Signifier l'exploit[3] de certaine ordonnance[4]…

ORGON

Quoi? vous êtes ici… ?

MONSIEUR LOYAL

Monsieur, sans passion:
Ce n'est rien seulement qu'une sommation,
Un ordre de vuider[5] d'ici, vous et les vôtres,
Mettre vos meubles hors, et faire place à d'autres,
Sans délai ni remise, ainsi que besoin est…

ORGON

Moi, sortir de céans?

notes

1. **verge**: baguette ou verge que l'huissier porte à la main dans ses fonctions. Il en touche ceux qu'il saisit.
2. **licence**: permission.
3. **exploit**: acte de saisie.
4. **ordonnance**: décision du juge.
5. **vuider**: vider les lieux, évacuer.

MONSIEUR LOYAL

Oui, monsieur, s'il vous plaît.
La maison à présent, comme savez de reste,
Au bon monsieur Tartuffe appartient sans conteste.
De vos biens désormais il est maître et seigneur,
En vertu d'un contrat duquel je suis porteur :
Il est en bonne forme, et l'on n'y peut rien dire.

DAMIS, *à M. Loyal.*

Certes cette impudence est grande, et je l'admire.

MONSIEUR LOYAL

Monsieur, je ne dois point avoir affaire à vous ;
C'est à monsieur : il est et raisonnable et doux
Et d'un homme de bien il sait trop bien l'office[1],
Pour se vouloir du tout opposer à justice.

ORGON

Mais…

MONSIEUR LOYAL

Oui, monsieur, je sais que pour un million
Vous ne voudriez pas faire rébellion,
Et que vous souffrirez, en honnête personne,
Que j'exécute ici les ordres qu'on me donne.

DAMIS

Vous pourriez bien ici sur votre noir jupon[2],
Monsieur l'huissier à verge, attirer le bâton.

notes

1. **office** : devoir.

2. **jupon** : robe ou pourpoint de l'huissier, c'est-à-dire la partie du vêtement masculin qui couvrait le torse jusqu'au-dessous de la ceinture.

MONSIEUR LOYAL

Faites que votre fils se taise ou se retire,
Monsieur. J'aurais regret d'être obligé d'écrire,
Et de vous voir couché dans mon procès-verbal.

DORINE, *à part.*

Ce monsieur Loyal porte un air bien déloyal !

MONSIEUR LOYAL

Pour tous les gens de bien j'ai de grandes tendresses,
Et ne me suis voulu, monsieur, charger des pièces[1]
Que pour vous obliger et vous faire plaisir,
Que pour ôter par là le moyen d'en choisir
Qui[2], n'ayant pas pour vous le zèle qui me pousse,
Auraient pu procéder d'une façon moins douce.

ORGON

Et que peut-on de pis que d'ordonner aux gens
De sortir de chez eux ?

MONSIEUR LOYAL

On vous donne du temps,
Et jusques à demain je ferai surséance[3]
À l'exécution, monsieur, de l'ordonnance.
Je viendrai seulement passer ici la nuit,
Avec dix de mes gens, sans scandale et sans bruit.
Pour la forme, il faudra, s'il vous plaît, qu'on m'apporte,
Avant que se coucher, les clefs de votre porte.
J'aurai soin de ne pas troubler votre repos,
Et de ne rien souffrir qui ne soit à propos.
Mais demain, du matin, il vous faut être habile

notes

1. **pièces :** ordres écrits.
2. **d'en choisir qui :** de choisir d'autres huissiers qui.
3. **je ferai surséance :** je vous donne un sursis, j'attendrai jusqu'à demain (du verbe « surseoir »).

À[1] vuider de céans jusqu'au moindre ustensile :
Mes gens vous aideront, et je les ai pris forts,
Pour vous faire service à tout mettre dehors.
On n'en peut pas user mieux que je fais, je pense ;
Et comme je vous traite avec grande indulgence,
Je vous conjure aussi, monsieur, d'en user bien,
Et qu'au dû de ma charge on ne me trouble en rien.

ORGON, *à part.*

Du meilleur de mon cœur je donnerais sur l'heure
Les cent plus beaux louis de ce qui me demeure,
Et pouvoir, à plaisir, sur ce mufle assener
Le plus grand coup de poing qui se puisse donner.

CLÉANTE, *bas à Orgon.*

Laissez, ne gâtons rien.

DAMIS

À[2] cette audace étrange
J'ai peine à me tenir, et la main me démange.

DORINE

Avec un si bon dos, ma foi, monsieur Loyal,
Quelques coups de bâton ne vous siéraient pas mal.

MONSIEUR LOYAL

On pourrait bien punir ces paroles infâmes,
Mamie, et l'on décrète aussi contre[3] les femmes.

CLÉANTE

Finissons tout cela, monsieur : c'en est assez ;
Donnez tôt ce papier, de grâce, et nous laissez.

notes

1. habile à : prêt à.
2. À : devant.
3. décrète [...] contre : lance des décrets contre (actes de loi, mandats d'arrêt, « donner à des sergents le droit d'emprisonner une personne »).

MONSIEUR LOYAL

Jusqu'au revoir. Le Ciel vous tienne tous en joie !

ORGON

Puisse-t-il te confondre, et celui qui t'envoie !

Scène 5

ORGON, CLÉANTE, MARIANE, ELMIRE,
MADAME PERNELLE, DORINE, DAMIS

ORGON

Hé bien, vous le voyez, ma mère, si j'ai droit[1],
Et vous pouvez juger du reste par l'exploit :
Ses trahisons enfin vous sont-elles connues ?

MADAME PERNELLE

Je suis toute ébaubie[2], et je tombe des nues !

DORINE

Vous vous plaignez à tort, à tort vous le blâmez,
Et ses pieux desseins par là sont confirmés :
Dans l'amour du prochain, sa vertu se consomme[3] ;
Il sait que très souvent les biens corrompent l'homme,
Et par charité pure, il veut vous enlever
Tout ce qui vous peut faire obstacle à vous sauver.

ORGON

Taisez-vous : c'est le mot qu'il vous faut toujours dire.

notes

1. droit : raison.
2. ébaubie : rendue bègue d'étonnement, étourdie.
3. se consomme : s'accomplit.

CLÉANTE, *à Orgon.*

Allons voir quel conseil[1] on doit vous faire élire[2].

ELMIRE

Allez faire éclater l'audace de l'ingrat.
Ce procédé[3] détruit la vertu[4] du contrat;
Et sa déloyauté va paraître trop noire,
Pour souffrir qu'il en ait le succès qu'on veut croire.

Scène 6

VALÈRE, ORGON, CLÉANTE, ELMIRE, MARIANE, MADAME PERNELLE, DAMIS, DORINE

VALÈRE

Avec regret, monsieur, je viens vous affliger;
Mais je m'y vois contraint par le pressant danger.
Un ami, qui m'est joint d'une amitié fort tendre,
Et qui sait l'intérêt qu'en vous j'ai lieu de prendre,
À violé pour moi, par un pas[5] délicat,
Le secret que l'on doit aux affaires d'État,
Et me vient d'envoyer un avis dont la suite
Vous réduit au parti d'une soudaine fuite.
Le fourbe qui longtemps a pu vous imposer[6]
Depuis une heure au Prince[7] a su vous accuser,
Et remettre en ses mains, dans les traits qu'il vous jette[8],
D'un criminel d'État l'importante cassette,
Dont, au mépris, dit-il, du devoir d'un sujet,
Vous avez conservé le coupable secret.

notes

1. **conseil**: avis, décision.
2. **élire**: choisir.
3. **procédé**: procédure.
4. **vertu**: validité, valeur.
5. **pas**: démarche.
6. **imposer**: tromper.
7. **Prince**: roi.
8. **dans les traits qu'il vous jette**: pour les coups qu'il porte contre vous.

J'ignore le détail du crime qu'on vous donne ;
Mais un ordre est donné contre votre personne ;
Et lui-même est chargé, pour mieux l'exécuter,
D'accompagner celui qui vous doit arrêter.

CLÉANTE

Voilà ses droits armés ; et c'est par où le traître
De vos biens qu'il prétend[1] cherche à se rendre maître.

ORGON

L'homme est, je vous l'avoue, un méchant animal !

VALÈRE

Le moindre amusement[2] vous peut être fatal.
J'ai, pour vous emmener, mon carrosse à la porte,
Avec mille louis qu'ici je vous apporte.
Ne perdons point de temps : le trait est foudroyant,
Et ce sont de ces coups que l'on pare en fuyant.
À vous mettre en lieu sûr je m'offre pour conduite[3],
Et veux accompagner jusqu'au bout votre fuite.

ORGON

Las ! que ne dois-je point à vos soins obligeants !
Pour vous en rendre grâce il faut un autre temps[4] ;
Et je demande au Ciel de m'être assez propice,
Pour reconnaître un jour ce généreux service.
Adieu : prenez le soin, vous autres…

CLÉANTE

Allez tôt :
Nous songerons, mon frère, à faire ce qu'il faut.

notes

1. **qu'il prétend :** sur lesquels il a des prétentions.
2. **amusement :** perte de temps (du verbe « muser » qui signifie perdre son temps à faire des choses insignifiantes).
3. **À vous mettre en un lieu sûr je m'offre pour conduite :** je m'offre à vous conduire en lieu sûr.
4. **temps :** moment.

Scène 7

L'EXEMPT, TARTUFFE, VALÈRE, ORGON, ELMIRE, MARIANE, MADAME PERNELLE, DORINE, CLÉANTE, DAMIS

passage analysé

TARTUFFE

Tout beau, monsieur, tout beau, ne courez point si vite :
Vous n'irez pas fort loin pour trouver votre gîte[1],
Et de la part du Prince on vous fait prisonnier.

ORGON

Traître, tu me gardais ce trait pour le dernier ;
C'est le coup, scélérat, par où tu m'expédies,
Et voilà couronner toutes tes perfidies.

TARTUFFE

Vos injures n'ont rien à me pouvoir aigrir[2],
Et je suis pour le Ciel appris à tout souffrir.

CLÉANTE

La modération est grande, je l'avoue.

DAMIS

Comme du Ciel l'infâme impudemment se joue !

TARTUFFE

Tous vos emportements ne sauraient m'émouvoir,
Et je ne songe à rien qu'à faire mon devoir.

MARIANE

Vous avez de ceci grande gloire à prétendre,
Et cet emploi pour vous est fort honnête à prendre.

notes

1. **gîte** : logement.
2. **à me pouvoir aigrir** : qui puissent m'irriter.

passage analysé

TARTUFFE

Un emploi ne saurait être que glorieux,
Quand il part du pouvoir[1] qui m'envoie en ces lieux.

ORGON

Mais t'es-tu souvenu que ma main charitable,
Ingrat, t'a retiré d'un état misérable ?

TARTUFFE

Oui, je sais quel secours j'en ai pu recevoir ;
Mais l'intérêt du Prince est mon premier devoir ;
De ce devoir sacré la juste violence
Étouffe dans mon cœur toute reconnaissance,
Et je sacrifierais à de si puissants nœuds[2]
Ami, femme, parents, et moi-même avec eux.

ELMIRE

L'imposteur !

DORINE

Comme il sait de traîtresse manière,
Se faire un beau manteau de tout ce qu'on révère !

CLÉANTE

Mais s'il est si parfait que vous le déclarez,
Ce zèle qui vous pousse et dont vous vous parez,
D'où vient que pour paraître il s'avise d'attendre
Qu'à poursuivre sa femme il[3] ait su vous surprendre,
Et que vous ne songez à l'aller dénoncer
Que lorsque son honneur l'oblige à vous chasser ?
Je ne vous parle point, pour devoir en distraire,

notes

1. **pouvoir** : il s'agit du pouvoir royal.
2. **nœuds** : liens.
3. **il** : Orgon.

Du don de tout son bien qu'il venait de vous faire ;
Mais le voulant traiter en coupable aujourd'hui,
Pourquoi consentiez-vous à rien[1] prendre de lui ?

TARTUFFE, *à l'Exempt.*

Délivrez-moi, monsieur, de la criaillerie[2],
Et daignez accomplir votre ordre, je vous prie.

L'EXEMPT

Oui, c'est trop demeurer sans doute à l'accomplir :
Votre bouche à propos m'invite à le remplir ;
Et pour l'exécuter, suivez-moi tout à l'heure
Dans la prison qu'on doit vous donner pour demeure.

TARTUFFE

Qui ? moi, monsieur ?

L'EXEMPT

Oui, vous.

TARTUFFE

Pourquoi donc la prison ?

L'EXEMPT

Ce n'est pas vous à qui j'en veux rendre raison.
(À Orgon.)
Remettez-vous, monsieur, d'une alarme si chaude.
Nous vivons sous un Prince ennemi de la fraude,
Un Prince dont les yeux se font jour[3] dans les cœurs,
Et que ne peut tromper tout l'art des imposteurs.

passage analysé

notes

1. rien : quelque chose que ce soit.
2. de la criaillerie : de ces gens qui protestent (terme méprisant).
3. se font jour : voient clair.

D'un fin discernement sa grande âme pourvue
Sur les choses toujours jette une droite vue;
Chez elle jamais rien ne surprend trop d'accès[1],
Et sa ferme raison ne tombe en nul excès.
Il donne aux gens de bien une gloire immortelle;
Mais sans aveuglement il fait briller ce zèle,
Et l'amour pour les vrais ne ferme point son cœur
À tout ce que les faux doivent donner d'horreur.
Celui-ci n'était pas pour[2] le pouvoir surprendre,
Et de pièges plus fins on le voit se défendre.
D'abord il a percé, par ses vives clartés,
Des replis de son cœur toutes les lâchetés.
Venant vous accuser, il[3] s'est trahi lui-même,
Et par un juste trait de l'équité suprême[4],
S'est découvert au Prince un fourbe renommé,
Dont sous un autre nom il était informé;
Et c'est un long détail d'actions toutes noires
Dont on pourrait former des volumes d'histoires.
Ce monarque, en un mot, a vers vous[5] détesté[6]
Sa lâche ingratitude et sa déloyauté;
À ses autres horreurs il a joint cette suite,
Et ne m'a jusqu'ici soumis à sa conduite
Que pour voir l'impudence aller jusques au bout,
Et vous faire par lui faire raison de tout.
Oui, de tous vos papiers, dont il se dit le maître,
Il veut qu'entre vos mains je dépouille le traître.
D'un souverain pouvoir, il brise les liens
Du contrat qui lui fait un don de tous vos biens,

passage analysé

notes

1. rien ne surprend trop d'accès: rien ne peut parvenir trop facilement et par surprise.
2. pour: de nature à.
3. il: Tartuffe.
4. équité suprême: il s'agit de la justice de Dieu; « suprême » indique que c'est l'équité ultime au-dessus de celle des hommes.
5. vers vous: envers vous.
6. détesté: maudit.

passage analysé

Et vous pardonne enfin cette offense secrète
Où vous a d'un ami fait tomber la retraite[1];
Et c'est le prix qu'il donne au zèle qu'autrefois
On vous vit témoigner en appuyant ses droits[2],
Pour montrer que son cœur sait, quand moins on y pense,
D'une bonne action verser la récompense,
Que jamais le mérite avec lui ne perd rien,
Et que mieux que du mal il se souvient du bien.

DORINE

Que le Ciel soit loué!

MADAME PERNELLE

Maintenant je respire.

ELMIRE

Favorable succès[3]!

MARIANE

Qui l'aurait osé dire?

ORGON, *à Tartuffe.*

Hé bien! te voilà, traître…

CLÉANTE

Ah! mon frère, arrêtez.
Et ne descendez point à des indignités;
À son mauvais destin laissez un misérable,
Et ne vous joignez point au remords qui l'accable:
Souhaitez bien plutôt que son cœur en ce jour
Au sein de la vertu fasse un heureux retour,

notes

1. **retraite**: lieu d'exil d'Argas, ami d'Orgon.
2. **droits**: droits acquis par Orgon en reconnaissance des services rendus au roi au moment de la Fronde (1648-1653).
3. **succès**: issue.

Acte V, scène 7

passage analysé

Qu'il corrige sa vie en détestant son vice
Et puisse du grand Prince adoucir la justice,
Tandis qu'à sa bonté vous irez à genoux
Rendre ce que demande un traitement si doux.

ORGON

Oui, c'est bien dit : allons à ses pieds avec joie
Nous louer des bontés que son cœur nous déploie.
Puis, acquittés un peu de ce premier devoir,
Aux justes soins d'un autre il nous faudra pouvoir,
Et par un doux hymen couronner en Valère
La flamme d'un amant généreux[1] et sincère.

note

1. **généreux :** noble, courageux.

Test de première lecture

❶ Sur quelle situation théâtrale s'ouvre la pièce et sur quel enjeu ?

❷ Déterminez les deux camps de ce conflit; celui qui est pour et celui qui est contre Tartuffe.

❸ Dans l'acte I, quels qualificatifs sont utilisés par Dorine pour caractériser Tartuffe ?

❹ Définissez le rôle de Dorine dans la pièce.

❺ En quoi l'entrée d'Orgon et la manière dont il s'informe de la famille nous renseignent déjà sur sa naïveté ?

❻ À quel moment s'effectue l'entrée de Tartuffe ?

❼ Madame Pernelle partage son caractère entêté avec un autre personnage. Lequel ? Que peut-on en conclure ?

❽ À qui Orgon veut-il marier sa fille ? Comment réagit Mariane à cette annonce ?

❾ Quelle stratégie Dorine adopte-t-elle pour convaincre Mariane de confronter son père ?

❿ De qui Tartuffe est-il épris ?

⓫ Quand Orgon le démasque enfin, de quoi Tartuffe le menace-t-il ?

⓬ Qui est Monsieur Loyal ? En quoi ce nom est-il évocateur ? Que vient-il faire chez Orgon ?

⓭ Comment la dernière scène confirme-t-elle les appréhensions évoquées par certains membres de la famille d'Orgon dans la première scène ?

⓮ Pourquoi peut-on considérer le dénouement de la pièce comme une fin heureuse ?

⓯ Quel comportement Orgon adopte-t-il à la fin de la pièce ?

L'étude de l'œuvre

Quelques notions de base

Quelques renseignements sur le genre dramatique*

Contrairement aux autres genres littéraires, le théâtre est un art du spectacle et l'écriture dramatique prend toute sa portée quand elle est déclamée sur les planches. La dimension fictive du récit s'accompagne ainsi d'une seconde dimension spatiotemporelle qui est celle de la scène. Dans une dynamique d'échange entre les personnages, mais aussi entre les protagonistes* et le public, tous les jeux sont possibles pour attirer l'attention, faire rire et raffiner le rythme du langage. Ainsi, l'auteur est un destinateur qui s'adresse au public, principal destinataire de la pièce.

Dans l'analyse littéraire, il faut porter attention aux notions suivantes :

- le lieu de la fiction, cet espace imaginaire que représente le décor et qui, dans *Le Tartuffe*, est la maison d'Orgon ;
- l'espace scénique de la scène, des coulisses, de la salle qui accueille l'auditoire. Pour *Le Tartuffe*, peu de transformation du décor puisque les multiples rencontres se tiennent dans le même décor bourgeois, la maison d'Orgon ;
- le temps de la fiction, qui est la perception du temps dans le récit, tel que vécu par les personnages ;
- le temps de la représentation, qui est la durée de la pièce de théâtre pour le public, c'est-à-dire plus ou moins une heure et demie.

Plusieurs autres notions sont nécessaires à l'analyse d'une pièce de théâtre. Se trouvent expliquées dans la partie théorique ou définies au *Glossaire* les notions qui peuvent servir à l'analyse de cette pièce, et, en particulier, le terme de *didascalies**, les notions de comique farcesque*, d'intrigue, de langage, de situation, de

* : *Cf.* Glossaire

caractère et de mœurs. La distinction entre le dénouement* ouvert et fermé et le dénouement de type « deus ex machina* » a été établie dans la partie théorique.

Les formes dramatiques au XVIIe siècle

Le XVIIe siècle est un grand siècle dans l'histoire du théâtre français. S'y côtoient les plus grands auteurs, dont les œuvres sont empreintes d'influences diverses, allant de la tragédie* antique à la farce* médiévale, en passant par les influences du théâtre italien, ainsi que les courants classique* et baroque*. Le théâtre est apprécié des nobles et de l'élite, raison pour laquelle cette forme est si réglementée, chaque forme devant se soumettre à des normes bien précises. Pour bien comprendre les choix de Molière dans la pièce *Le Tartuffe*, il importe d'étudier les caractéristiques de la tragédie, de la tragi-comédie, de la farce et de la comédie*.

* : *Cf.* Glossaire

Tableau des formes dramatiques au XVIIe siècle

La tragi-comédie (courant baroque)	La tragédie (courant classique)
• **Personnages** de rangs divers. • Héros masculin, fidèle à l'idéal aristocratique. • **Intrigue*** à rebondissements multiples; intervention possible du fantastique. • Exploration de formes variées, structures complexes, mélange des genres. • Dénouement souvent positif. • **Thématique** empruntée au courant baroque. • **Style** recherché, précieux* : goût pour la virtuosité, s'exprimant notamment par la richesse des figures de style. • **Mise en scène** orientée vers le mouvement et l'effet de surprise, etc., notamment par l'usage des machines.	• **Personnages** de rang élevé, déchirés entre leurs devoirs envers la famille, l'État et Dieu. • **Intrigue** concentrée, bienséante et vraisemblable ; contexte de l'Antiquité gréco-romaine. • Composition selon la règle des trois unités, d'action, de lieu et de temps, soit un péril, en un endroit et en une journée. • Dénouement tragique. • **Thématique** pessimiste. Fatalité et luttes de pouvoir. • **Style** solennel ; rythme majestueux de l'alexandrin* ; registre linguistique soutenu. • **Mise en scène** sobre, qui met l'accent sur le caractère cérémoniel de la représentation.
La farce (héritage et influence baroque)	**La comédie (influences baroque et classique)**
• **Personnages** archétypaux (traits grossis et répétitifs). • **Intrigue** : opposition élémentaire entre personnages sympathiques (les gagnants) et personnages ridicules (les perdants). • Pièce courte ; liberté d'invention. • **Thématique** : caricature des travers des personnes âgées, qui sont opposées aux jeunes. • **Style** : influence de la *commedia dell'arte** ; divertissement facile. • **Mise en scène** qui utilise tous les registres* du comique, associés à un jeu corporel.	• **Personnages** issus de la bourgeoisie d'une complexité variable. • **Intrigue** : conflits de générations et de caractères dans le contexte de la vie quotidienne. • Composition en cinq actes* (généralement), très flexible. • **Thématique** des grands défauts humains ; thèmes* de l'amour et de l'argent. • **Style** : grande variété, qui va de la farce au ton plus sérieux. • **Mise en scène** qui emprunte à la farce les procédés comiques, tout en s'orientant vers le raffinement.

* : *Cf.* Glossaire

L'étude de la pièce par acte en s'appuyant sur des extraits

Le Tartuffe, la pièce

Étape préparatoire à l'analyse ou à la dissertation : compréhension du passage en tenant compte du contexte

❶ Résumez l'extrait en faisant notamment un portrait rapide des sept personnages en présence.

❷ Résumez en quelques mots la position de madame Pernelle sur les sujets suivants, abordés dans cette scène :

a) l'autorité des parents ;

b) la coquetterie féminine ;

c) la relation aux hommes de foi ;

d) la relation entre les maîtres et les domestiques.

❸ Montrez qu'Elmire correspond à un type de femme très différent de celui de sa belle-mère.

❹ Parmi les arguments suivants, relevez ceux qui sont invoqués par madame Pernelle pour justifier la présence d'un directeur de conscience dans la famille de son fils :

a) les femmes de la maison se comportent de façon trop masculine et aspirent à user du même pouvoir que les hommes ;

b) les enfants ne respectent pas l'autorité des parents ;

c) les femmes sont dépensières ;

d) les hommes entretiennent des maîtresses et se comportent en libertins ;

e) les hommes et les femmes de la maison sont impies, incroyants ;

f) la famille reçoit beaucoup et donne des réceptions ;

g) les domestiques s'avisent de donner leur opinion sur des choses qui ne les regardent pas ;

h) les médisances sur les gens de la maison sont monnaie courante.

❺ En s'appuyant sur l'opposition moralisante entre le bien et le mal, madame Pernelle qualifie les comportements des autres personnages (présents ou absents dans l'acte I). Dans un tableau en deux colonnes, faites-en la répartition.

Bien (ce qui est valorisé)	**Mal** (ce qui est blâmé et rejeté)

❻ Quel portrait se dégage de ce Tartuffe qui n'apparaît pourtant pas dans la première scène ?

❼ Rédigez un paragraphe avec citations et exemples à l'appui montrant l'écart entre les valeurs que prêche madame Pernelle (la religion, le respect de l'autre, l'ordre et l'harmonie, etc.) et le comportement qu'elle adopte envers sa famille.

❽ Au cours de cette scène d'exposition*, quels sont les registres comiques utilisés par Molière ? Justifiez votre réponse à l'aide d'explications et d'exemples. (Reportez-vous notamment aux sections « Biographie », « Présentation de la pièce » et « Glossaire ».)

a) Comique d'intrigue*.

b) Comique de caractère*.

c) Comique de langage*.

d) Comique de mœurs*.

e) Comique farcesque*.

❾ Parmi les normes classiques suivantes, quelles sont celles que la première scène semble respecter ? Justifiez votre réponse par une explication ou un exemple.

* : *Cf.* Glossaire

a) La vraisemblance* : l'histoire doit donner l'illusion de la réalité.

b) La bienséance* : l'action ne doit pas choquer le spectateur, notamment sur le plan moral.

c) L'intrigue doit se situer en milieu bourgeois dans une comédie.

d) L'intrigue doit répondre à la règle des trois unités : action dans un seul lieu (unité de lieu) ; action concentrée en une journée (unité de temps) ; action autour d'un événement central (unité d'action).

e) La thématique de la comédie doit concerner la vie privée et exclure la vie politique.

⑩ Analysez la concordance de l'opinion que Dorine et Cléante se font de Tartuffe.

Vers la rédaction

⑪ Suivez les étapes proposées dans le but de rédiger une introduction qui conviendrait au sujet suivant : « En vous appuyant sur l'extrait, analysez la représentation de la famille dans la première scène du *Tartuffe*. »

a) Parmi les formulations suivantes, choisissez celle qui pourrait le mieux convenir au « sujet amené ».

a. Deux courant s'opposent au XVIIe siècle, le baroque et le classicisme, l'un porté vers le mouvement et l'illusion, l'autre vers l'ordre et le respect de la réalité, mais Molière concilie les deux esthétiques dans ses comédies.

b. Entre esprit libertin et puritanisme, les écrivains du XVIIe siècle français suscitent des débats qui sont illustrés notamment au théâtre, genre de prédilection au siècle de Louis XIV.

c. La bourgeoisie, cette frange du peuple ambitieuse et travaillante, est représentée dans la comédie, un genre moins valorisé au XVIIe siècle par rapport à sa rivale, la tragédie, qui illustre des conflits entre personnages de haut lignage.

* : *Cf.* Glossaire

Premier extrait, pages 63 à 72

d. Molière, qui souhaite élever la comédie dans l'esprit des spectateurs de son époque, adopte les normes classiques tout en se pliant aux contraintes de l'alexandrin.

b) Parmi les suivantes, dégagez trois idées pour le « sujet divisé » qui serviront à organiser votre développement.

a. Madame Pernelle, la grand-mère, incarne l'autorité.

b. Madame Pernelle se sert de la religion pour juger les membres de sa famille.

c. Les membres de la famille revendiquent la liberté de jugement.

d. Madame Pernelle dénonce la médisance et les ragots.

e. Les membres de la famille apprécient les plaisirs de la vie mondaine.

f. Molière privilégie les répliques mordantes où chacun contredit l'autre.

c) Rédigez l'introduction en utilisant vos réponses précédentes de façon pertinente et en complétant le tout pour qu'on y trouve les articulations suivantes, soit le « sujet amené », le « sujet posé » (accompagné d'une courte présentation de la pièce et de la situation de l'extrait) et le « sujet divisé ».

12 Dès le premier acte, montrez que le spectateur est en mesure de déduire que *Le Tartuffe* se range dans la catégorie des grandes comédies de Molière. Adoptez la démarche ci-dessous pour chacun des paragraphes.

a) Formulez en ouverture la phrase-clé qui présente l'idée principale du paragraphe (consultez notamment la section intitulée « Présentation de la pièce » dans les pages liminaires).

b) Présentez deux ou trois idées secondaires.

c) Illustrez-les par des citations ou des exemples (idées et citations peuvent être commentées).

d) Terminez le paragraphe par une phrase de clôture ou une phrase de transition, au choix.

⓭ Retenez un des deux sujets des questions 11 et 12 pour rédiger une dissertation complète.

⓮ Prévoyez faire la révision de votre texte en étapes successives:

a) une première révision qui concerne le sens;

b) une deuxième révision d'ordre orthographique et grammatical;

c) et, si possible, une dernière révision qui part de la fin du texte pour remonter vers le début.

Questionnaire sur le texte de Molière, *Le Tartuffe*

❶ Situez la scène en vous assurant de clarifier les points suivants.

a) De quelle nouvelle Valère parle-t-il tout au début de l'extrait ? En disant qu'elle est « belle », quelle figure de style utilise-t-il ? Que cela nous apprend-il des sentiments de Valère ?

b) Pourquoi Valère conseille-t-il à Mariane d'épouser Tartuffe ? Quelle émotion cache cette proposition ?

c) Pourquoi Mariane joue-t-elle l'indifférente ? Aime-t-elle encore Valère ? Pouvons-nous dire que les deux amoureux se conduisent d'une égale façon qui traduit leur penchant ?

❷ Expliquez l'intérêt de cette scène par rapport à ce qui précède et par rapport à ce qui suit, à l'aide de ces deux sous-questions.

a) En quoi la scène contribue-t-elle à confirmer que Tartuffe sème la confusion dans la maison d'Orgon ?

b) Cette scène peut-elle être considérée comme un rebondissement dans l'intrigue principale (donc est-elle de ce fait liée à l'intrigue principale ?) ou, au contraire, s'agit-il d'une seconde intrigue ?

❸ L'amour pousse Valère et Mariane à dire le contraire de ce qu'ils pensent réellement, de peur que leurs sentiments ne soient pas réciproques.

a) Montrez que les situations verbales antagonistes, les malentendus et les quiproquos abondent dans cette scène.

b) Montrez que, par les didascalies, les gestes de Valère informent le spectateur sur ses sentiments.

❹ Comment et à quel vers s'opère le retournement de situation ?

❺ Quel rôle joue Dorine dans la scène ? Comment les didascalies contribuent-elles à nous éclairer sur son rôle ?

❻ Une remarque de Dorine, « Ah ! jamais les amants ne sont las de jaser » (v. 394), résume en quelque sorte la scène. Commentez cette réplique.

❼ Étudiez le mode et les tons que Dorine emploie aux vers 327 à 367. En quoi sont-ils la marque de son bon sens et de son expérience de la vie ?

❽ Résumez l'astuce de Dorine pour faire triompher l'amour et l'ordre entre les amoureux, mais aussi entre les membres de la famille. Les amoureux sont-ils d'accord pour suivre ses conseils ?

❾ Notez les expressions de Dorine qui la situent comme femme du peuple. Êtes-vous d'accord pour dire que ses origines sociales remettent en cause sa crédibilité auprès des deux amants ? Exposez votre point de vue en le fondant sur le texte.

❿ Peut-on considérer cette représentation de l'amour, en particulier la relation entre jeunes amoureux, comme dépassée ou encore actuelle ? Expliquez votre point de vue.

Vers la rédaction

⓫ Faites le portrait des trois personnages en présence en tenant compte de leur façon d'exprimer leurs sentiments et de leur comportement.

⓬ Analysez la représentation de l'amour en tenant compte des liens avec le contexte familial dépeint dans la pièce.

Molière, *Le dépit amoureux*

Comédie créée en 1656, *Le dépit amoureux** présente une intrigue très inspirée du théâtre italien : un conflit amoureux entraîne une série de scènes comiques entre amants, récurrentes dans toute l'œuvre de Molière. Ces scènes permettent de jouer sur une

* : *Cf.* Glossaire

Extrait, pages 106 à 116

communication verbale antagoniste et de proposer une critique du mariage imposé, tout en valorisant la douceur des sentiments des jeunes amoureux. Inspirée de la comédie italienne en vers *L'interesse* (La cupidité), l'argument du *Dépit amoureux* tient dans son titre. L'extrait qui suit, tiré de la scène 3 de l'acte IV, oppose Lucile à son amant Éraste, tous deux soutenus par leurs serviteurs Gros-René et Marinette.

ÉRASTE , LUCILE, MARINETTE, GROS-RENÉ

LUCILE

Quand on aime les gens, on les traite autrement;
On fait de leur personne un meilleur jugement.

ÉRASTE

Quand on aime les gens, on peut, de jalousie,
Sur beaucoup d'apparence, avoir l'âme saisie;
Mais alors qu'on les aime, on ne peut en effet
Se résoudre à les perdre, et vous, vous l'avez fait.

LUCILE

La pure jalousie est plus respectueuse.

ÉRASTE

On voit d'un œil plus doux une offense amoureuse.

LUCILE

Non, votre cœur, Éraste, était mal enflammé.

ÉRASTE

Non, Lucile, jamais vous ne m'avez aimé.

LUCILE

Eh ! je crois que cela faiblement vous soucie.
Peut-être en serait-il beaucoup mieux pour ma vie,
Si je... Mais laissons là ces discours superflus,
Je ne dis point quels sont mes pensers là-dessus.

ÉRASTE

Pourquoi ?

LUCILE

Par la raison que nous rompons ensemble,

Et que cela n'est plus de saison, ce me semble.

ÉRASTE

Nous rompons ?

LUCILE

Oui, vraiment ; quoi ! n'en est-ce pas fait ?

ÉRASTE

Et vous voyez cela d'un esprit satisfait ?

LUCILE

Comme vous.

ÉRASTE

Comme moi ?

LUCILE

Sans doute, c'est faiblesse
De faire voir aux gens que leur perte nous blesse.

ÉRASTE

Mais, cruelle, c'est vous qui l'avez bien voulu.

LUCILE

Moi ? Point du tout ; c'est vous qui l'avez résolu.

ÉRASTE

Moi ? Je vous ai cru là faire un plaisir extrême.

LUCILE

Point, vous avez voulu vous contenter vous-même.

ÉRASTE

Mais si mon cœur encor revoulait sa prison...
Si, tout fâché qu'il est, il demandait pardon ?...

LUCILE

Non, non, n'en faites rien : ma faiblesse est trop grande,
J'aurais peur d'accorder trop tôt votre demande.

ÉRASTE

Ha ! vous ne pouvez pas trop tôt me l'accorder,
Ni moi sur cette peur trop tôt le demander.
Consentez-y, Madame ; une flamme si belle

Extrait, pages 106 à 116

Doit, pour votre intérêt, demeurer immortelle.
Je le demande enfin; me l'accorderez-vous,
Ce pardon obligeant?

LUCILE

Remenez-moi chez nous.

Molière, *Le dépit amoureux*, 1656, extrait de la scène 3, acte IV.

Questionnaire sur le texte de Molière, *Le dépit amoureux*

❶ Dans l'extrait, les répliques sont assez courtes. Quel effet cela crée-t-il?

❷ Notez sur deux colonnes les reproches qu'Éraste fait à Lucile et ceux que Lucile adresse à Éraste. Que peut-on en conclure?

❸ L'extrait fonctionne sur des répétitions de mots entre les répliques d'Éraste et celles de Lucile. Relevez quelques-uns de ces échos entre le discours des deux amants et commentez-en l'effet.

❹ Résumez en quelques phrases l'essence du conflit entre les deux amants en vous appuyant sur le comportement, les sentiments et les idées de chacun.

❺ L'extrait se présente comme un traité sur les rapports amoureux, duquel le spectateur devrait pouvoir tirer des leçons. Notez quelques citations qui se présentent comme des préceptes à respecter en amour.

❻ L'extrait est très émotif. Analysez comment Molière accentue la sentimentalité des amants en vous appuyant sur les aspects suivants:

a) la ponctuation;

b) les négations;

c) le champ lexical* de la douleur;

d) le champ lexical de l'amour.

*: *Cf.* Glossaire

Molière, *Le bourgeois gentilhomme*

Le bourgeois gentilhomme, chef-d'œuvre de comédie-ballet*, fut représenté pour la première fois en 1670 devant le roi et la cour et connut un immense succès. Molière y ridiculise les bourgeois aux prétentions aristocratiques. Dans la pièce, monsieur Jourdain fait tout pour imiter des comportements jugés distingués et devient vite la risée de tous. La scène 10 de l'acte III oppose Lucile, fille de monsieur Jourdain (le bourgeois gentilhomme), à son amant Cléonte. Leur dispute est de plus redoublée et réfléchie par la querelle que se livrent parallèlement leurs serviteurs, Nicole et Covielle.

CLÉONTE, LUCILE, COVIELLE, NICOLE

CLÉONTE, *se retournant vers Lucile.* — Sachons donc le sujet d'un si bel accueil.

LUCILE, *s'en allant à son tour pour éviter Cléonte.* — Il ne me plaît plus de le dire.

COVIELLE, *se retournant vers Nicole.* — Apprends-nous un peu cette histoire.

NICOLE, *s'en allant à son tour pour éviter Covielle.* — Je ne veux plus, moi, te l'apprendre.

CLÉONTE. — Dites-moi…

LUCILE. — Non, je ne veux rien dire.

COVIELLE. — Conte-moi…

NICOLE. — Non, je ne conte rien.

CLÉONTE. — De grâce.

LUCILE. — Non, vous dis-je.

COVIELLE. — Par charité.

NICOLE. — Point d'affaire.

CLÉONTE. — Je vous en prie.

LUCILE. — Laissez-moi.

COVIELLE. — Je t'en conjure.

NICOLE. — Ôte-toi de là.

CLÉONTE. — Lucile !

LUCILE. — Non.

* : *Cf.* Glossaire

Extrait, pages 106 à 116

Covielle. — Nicole !

Nicole. — Point.

Cléonte. — Au nom des dieux.

Lucile. — Je ne veux pas.

Covielle. — Parle-moi.

Nicole. — Point du tout.

Cléonte. — Éclaircissez mes doutes.

Lucile. — Non, je n'en ferai rien.

Covielle. — Guéris-moi l'esprit.

Nicole. — Non, il ne me plaît pas.

Cléonte. — Hé bien ! puisque vous vous souciez si peu de me tirer de peine, et de vous justifier du traitement indigne que vous avez fait à ma flamme, vous me voyez, ingrate, pour la dernière fois, et je vais loin de vous mourir de douleur et d'amour.

Covielle, *à Nicole*. — Et moi, je vais suivre ses pas.

Lucile, *à Cléonte qui veut sortir*. — Cléonte !

Nicole, *à Covielle qui suit son maître*. — Covielle !

Cléonte, *s'arrêtant*. — Eh ?

Covielle, *s'arrêtant aussi*. — Plaît-il ?

Lucile. — Où allez-vous ?

Cléonte. — Où je vous ai dit.

Covielle. — Nous allons mourir.

Lucile. — Vous allez mourir, Cléonte ?

Cléonte. — Oui, cruelle, puisque vous le voulez.

Lucile. — Moi, je veux que vous mouriez ?

Cléonte. — Oui, vous le voulez.

Lucile. — Qui vous le dit ?

Cléonte, *s'approchant de Lucile*. — N'est-ce pas le vouloir, que ne vouloir pas éclaircir mes soupçons ?

Lucile. — Est-ce ma faute ? et si vous aviez voulu m'écouter, ne vous aurais-je pas dit que l'aventure dont vous vous plaignez a été causée ce matin par la présence d'une vieille tante, qui veut à toute force que la seule approche d'un homme déshonore une fille, qui perpétuellement nous sermonne sur ce chapitre, et nous figure[1] tous les hommes comme des diables qu'il faut fuir ?

NICOLE, *à Covielle*. — Voilà le secret de l'affaire.

CLÉONTE. — Ne me trompez-vous point, Lucile ?

COVIELLE, *à Nicole*. — Ne m'en donnes-tu point à garder[2] ?

LUCILE, *à Cléonte*. — Il n'est rien de plus vrai.

NICOLE, *à Covielle*. — C'est la chose comme elle est.

COVIELLE, *à Cléonte*. — Nous rendrons-nous à cela ?

CLÉONTE. — Ah ! Lucile, qu'avec un mot de votre bouche vous savez apaiser de choses dans mon cœur ! et que facilement on se laisse persuader aux[3] personnes qu'on aime !

COVIELLE. — Qu'on est aisément amadoué[4] par ces diantres d'animaux-là !

Molière, *Le bourgeois gentilhomme*, 1670, extrait de la scène 10, acte III.

Questionnaire sur le texte de Molière, Le bourgeois gentilhomme

❶ L'extrait s'ouvre sur une pointe d'ironie* de la part de Cléonte. Expliquez-la et dites en quoi l'ironie donne le ton à l'échange entre les amants.

❷ Quel effet ont ici les répliques d'un seul mot (stichomythies*) ou très courtes, et l'accumulation des demandes et des refus ?

❸ Cléonte exprime son amour en mettant l'accent sur une grande douleur. Notez quelques extraits où cela se produit et l'impression laissée par les images qu'il emploie.

❹ Le comique de l'extrait repose sur une série de malentendus et d'erreurs de compréhension. Démontrez-le.

---

1. **figure**: représente. 2. **ne m'en donnes-tu point à garder**: ne me trompes-tu pas ? 3. **aux**: par les. 4. **amadoué**: attendri.

*: *Cf.* Glossaire

Extrait, pages 106 à 116

❺ Comment se termine cet extrait et en quoi l'effusion de sentiments est-elle comique ? Analysez le sens des deux dernières répliques.

Vers la rédaction – Analyse croisée

❶ Comparez les couples d'amants dans ces trois scènes de dépit amoureux tirées du *Tartuffe*, du *Dépit amoureux* et du *Bourgeois gentilhomme*.

❷ Analysez la vision de l'amour qui se dégage des trois scènes de dépit amoureux.

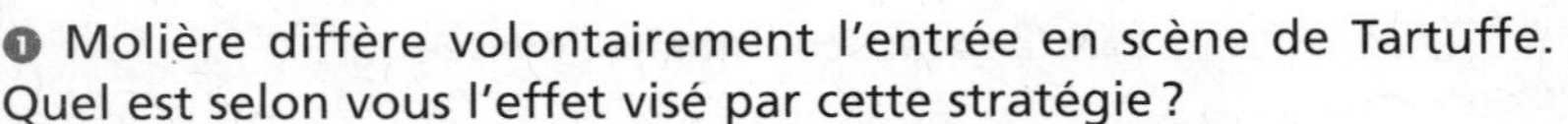

Molière, *Le Tartuffe*, acte III, scène 3

Extrait, pages 121 à 127, lignes 57 à 199

❶ Molière diffère volontairement l'entrée en scène de Tartuffe. Quel est selon vous l'effet visé par cette stratégie ?

❷ Les premières répliques, du début de la scène jusqu'au vers 80, installent le malaise par rapport à Tartuffe. Analysez ce trouble en répondant aux questions qui suivent.

a) Comment Tartuffe s'y prend-il pour installer l'ambiguïté dans ses propos ?

b) Les soupçons de la famille dans le premier acte sont-ils confirmés ?

c) Au point de départ (les trente premiers vers), Elmire se montre-t-elle sensible à la tentative de séduction de Tartuffe ?

❸ Dans la suite de la scène,

a) à quel moment Elmire semble-t-elle indiquer à Tartuffe qu'elle a compris et qu'il va trop loin ?

b) D'abord de bonne foi, Elmire s'ajuste et poursuit ses fins de façon stratégique. Démontrez-le en vous appuyant sur des passages qui illustrent son habileté.

c) L'attitude d'Elmire a pu être qualifiée de coquette. Partagez-vous cet avis ? Justifiez votre réponse en vous appuyant sur le texte.

❹ À partir des répliques de Tartuffe, dressez un tableau en deux colonnes et placez à gauche les termes ou expressions à caractère religieux qu'il emploie et, à droite, tout ce qui se rapporte à la séduction. En dernier lieu, relevez les expressions inclassables où religion et séduction s'entrelacent.

❺ Analysez le rôle des didascalies dans cette scène en répondant aux questions qui suivent.

a) Peut-on dire qu'elles sont essentielles à la compréhension de la scène ?

b) Le jeu corporel est-il mis ici – comme à l'accoutumée chez Molière – au service de l'effet comique ?

c) Quand Tartuffe touche et manie le fichu d'Elmire, que cherche à suggérer Molière ? En quoi ce passage illustre-t-il d'une certaine manière la règle de bienséance classique ?

d) Pourquoi, selon vous, les indications gestuelles disparaissent-elles dans la suite de la scène ?

❻ En vous appuyant sur les réponses aux deux questions précédentes, démontrez que cette scène illustre particulièrement bien la duplicité de Tartuffe (la duplicité renvoie à des traits de caractère en contradiction* dans une personnalité).

❼ Les deux tirades* de Tartuffe révèlent sa faiblesse. Démontrez-le. Peut-on dire qu'il suscite pour autant la pitié chez le spectateur ? Nuancez votre réponse.

❽ Pourquoi peut-on considérer qu'Elmire sort victorieuse de cette joute oratoire ?

❾ Il y a de la part d'Elmire comme de celle de Tartuffe des allusions aux possibilités de chantage. Relevez des vers qui suggèrent cette éventualité.

❿ Cette scène illustre notamment l'influence du courant baroque sur le théâtre de Molière. Montrez qu'ici, en effet, tout est mascarade, fuite et illusion.

Vers la rédaction

⓫ Analysez le thème de la séduction dans cet extrait.

⓬ Montrez que cette scène à elle seule constitue une dénonciation de l'hypocrisie des dévots.

⓭ Toute la scène explore les ambiguïtés entre discours galant et discours dévot. Démontrez-le.

* : *Cf.* Glossaire

Molière, *Le Tartuffe*, acte III, scènes 6 et 7

Extrait, pages 130 à 138, vers 251 à 362

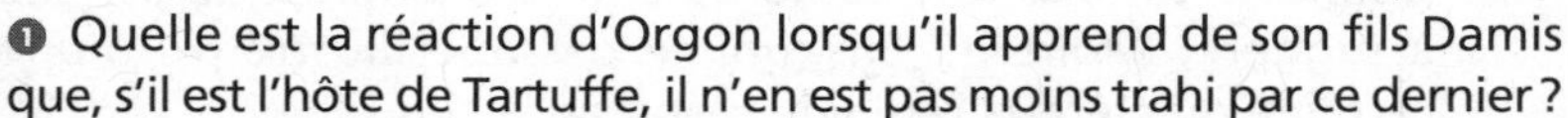

❶ Quelle est la réaction d'Orgon lorsqu'il apprend de son fils Damis que, s'il est l'hôte de Tartuffe, il n'en est pas moins trahi par ce dernier ?

❷ Par quelle parade Tartuffe reprend-il la situation en main ? Quel est le ton employé pour triompher de cette situation embarrassante ? Expliquez votre réponse en puisant quelques exemples dans le texte.

❸ Dans ces deux scènes qui s'enchaînent au rythme des péripéties* que suscite l'affrontement colérique entre Damis et Orgon, la folie du père s'exalte. Notez les prises de décision et les gestes de ce dernier qui rendent compte de sa déraison et qui confirment ce que nous avions appris jusqu'à maintenant sur lui.

❹ Dans la première répartie de Tartuffe à la scène 6, dressez le champ lexical du péché. Montrez que péché et saleté semblent aller de pair.

❺ Montrez, en vous appuyant sur le texte, le caractère particulièrement ironique et perfide de la répartie de Tartuffe (vers 269 à 284). Ce portrait que Tartuffe dresse de lui-même rend-il compte de la réalité ?

❻ Analysez le comportement d'Orgon en répondant aux questions qui suivent.

a) Dressez la liste des insultes qu'il fait à son fils.

b) Expliquez pourquoi ce comportement de père à l'égard du fils est pratiquement contre nature.

c) En contrepartie, montrez que l'affection que le père porte à Tartuffe semble dépasser les limites de la simple amitié.

d) En vous limitant aux répliques d'Orgon dans la scène 6, relevez les vers qui traduisent sa vision de la famille et du rôle que le père doit y jouer.

* : *Cf.* Glossaire

❼ Montrez comment Molière allège la scène en ayant recours à tous les registres comiques.

a) Comique de situation* (renversement dans la relation que les personnages entretiennent).

b) Comique de caractère (grossissement jusqu'à la caricature des traits de caractère).

c) Comique de mots (stichomythies, répétition, variation syntaxique, etc.).

d) Comique de gestes ou comique farcesque.

❽ Au début de la scène 7, relevez les expressions qui montrent que Tartuffe amplifie avec excès sa peine.

❾ En dépit de l'aveu comique de Tartuffe, Orgon n'est pas convaincu de sa culpabilité. Quelle raison, à votre avis, le pousse à nier l'évidence (vers 294 à 310) ?

❿ En quoi une des dernières répliques de Tartuffe, « La volonté du Ciel soit faite en toute chose ! », illustre-t-elle particulièrement bien le cynisme du personnage ?

Vers la rédaction

⓫ Analysez ces deux scènes en faisant ressortir la virtuosité de Molière à utiliser les différents registres comiques.

⓬ En analysant le comportement d'Orgon dans ces deux scènes, montrez que sa fureur est à la fois tragique* et comique.

⓭ Dans les scènes 6 et 7, deux coups de théâtre surviennent, soit la réaction vive et surprenante d'Orgon à l'accusation de Damis à la scène 6 et l'issue imprévisible de la scène suivante. Pourquoi peut-on affirmer que ces deux retournements de situation inattendus mettent l'accent sur l'entêtement excessif d'Orgon ?

⓮ Du portrait qu'esquisse ici Molière de ces trois hommes, montrez qu'il est possible de déduire l'échelle des valeurs en cours au XVIIe siècle.

*: *Cf.* Glossaire

Molière, *Le Tartuffe*, acte V, scène 7

Dernier extrait, pages 178 à 183, vers 289 à 390

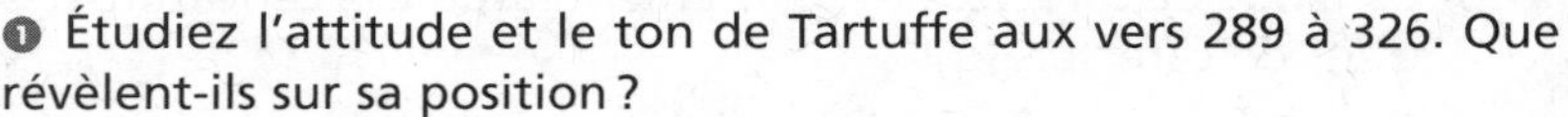

❶ Étudiez l'attitude et le ton de Tartuffe aux vers 289 à 326. Que révèlent-ils sur sa position ?

❷ Étudiez le personnage de Cléante en répondant aux questions qui suivent.

a) Quelle fonction assume-t-il par rapport à Tartuffe, celle de l'allié, de l'opposant ou du bénéficiaire de ses manigances ?

b) Expliquez ce qui en fait ici ou ailleurs une illustration de l'honnête homme*, qui privilégie la juste mesure, le bon sens et la raison.

❸ Comment Orgon perçoit-il son ancien protégé dans cette scène ?

❹ Quel vers indique un revirement dans l'action ? Justifiez votre choix.

❺ Montrez que Tartuffe se comporte jusqu'à la fin en scélérat.

❻ Quels sont les deux événements qui confèrent un caractère heureux au dénouement ?

❼ Après avoir invoqué la soumission à Dieu pour justifier son comportement, quelle autre raison Tartuffe invoque-t-il ici ?

❽ Par qui les vers 311 et 312 ont-ils déjà été antérieurement prononcés dans la pièce ? Quel sens prennent-ils dans leur nouveau contexte ?

❾ Le portrait que fait l'Exempt de Tartuffe dans sa tirade vise-t-il uniquement Tartuffe ? De qui fait-il l'éloge ? Justifiez votre réponse non seulement par les allusions que contient cette tirade, mais en vous référant aux propos d'Orgon à la scène 1 de l'acte V.

❿ En quoi cette apparition de l'Exempt peut-elle être assimilée à une fin de type « deus ex machina* » (fin artificielle, non prévisible dans l'action) ? Peut-on parler ici de fin ouverte ou fermée ?

* : *Cf.* Glossaire

Dernier extrait, pages 178 à 183

Vers la rédaction

⓫ Montrez que cette scène justifie le titre de la pièce, *Le Tartuffe ou l'imposteur*.

⓬ Analysez les caractéristiques et l'efficacité de ce dénouement tout en tenant compte des intentions de Molière.

⓭ Le fait que Molière termine sa pièce par un éloge au roi permet-il de mieux saisir la dépendance de l'artiste au mécène ? Analysez ce sujet en mettant en lumière le thème de l'éloge du prince.

L'étude de l'œuvre dans une démarche plus globale

La démarche proposée ici peut précéder ou suivre l'analyse par extrait. Elle apporte une connaissance plus synthétique de l'œuvre et met l'accent sur la compréhension de la pièce dans son entier. Les deux démarches peuvent être exclusives ou complémentaires.

Pour chacun des cinq actes de la pièce, adoptez la démarche ci-dessous qui tient compte des composantes du texte dramatique, soit :

a) l'intrigue ;

b) les personnages ;

c) la thématique ;

d) l'organisation, le style et la tonalité* de la pièce.

Intrigue

❶ Faites le résumé de chacun des actes de la pièce à l'aide des questions qui suivent.

a) **Qui ?** Quels sont les personnages en présence ?

b) **Quoi ?** Qu'apprend-on sur eux ? Que font-ils ? Quel est l'état de leurs relations ?

c) **Quand ? Et où ?** Quelle est la situation exposée et dans quel contexte ? Quels sont le temps et le lieu ?

d) **Comment ?** Quelles relations s'établissent entre les personnages ? Quels événements vivent-ils ?

e) **Pourquoi ?** Quel est l'objet de leur quête ? Quels moyens prennent-ils pour y arriver ?

* : *Cf.* Glossaire

❷ Faites la liste de tous les affrontements qui traversent la pièce, en expliquant la cause de chaque conflit et la position de chacun des opposants.

❸ Répertoriez les scènes qui concernent l'intrigue amoureuse entre Mariane et Valère.

❹ Repérez les scènes qui donnent lieu à un retournement de situation et commentez les conséquences de ce fait sur l'intrigue.

❺ Évaluez la nécessité du coup de théâtre final et la vraisemblance du dénouement.

Personnages

Les personnages principaux et secondaires*

❶ Au fil de la pièce, dites comment évoluent les personnages suivants, tant individuellement que dans leurs relations avec un second personnage nommé ici :

a) Orgon et sa famille ;

b) Orgon et Tartuffe ;

c) Elmire et Tartuffe ;

d) Mariane et Valère.

Pour répondre à ces questions, tenez compte des aspects suivants :

a) leurs traits de personnalité ;

b) leurs valeurs et leurs croyances ;

c) leur source de conflit.

Tenez compte aussi dans chaque acte, sinon dans chaque scène, des questions qui suivent.

a) Que pense chacun d'eux ?

b) Que disent-ils ?

c) Que font-ils ?

* : *Cf.* Glossaire

d) Comment se comportent-ils avec les autres personnages ? Où se situent-ils les uns par rapport aux autres et dans leurs liens avec les autres personnages (donc tout ce qui est en rapport avec l'aspect dynamique de leurs relations) ?

e) Comment évoluent-ils d'un acte à l'autre ? Qu'apprend-on de nouveau, globalement, sur eux ?

❷ Dans la conception de chaque personnage, quel est l'effet souhaité par Molière sur le lecteur ou sur le spectateur, par exemple dans les relations de Tartuffe avec les femmes et les autres hommes de la famille ? Comment certains facteurs influencent-ils l'impression que nous retenons d'Orgon ? Comment rendent-ils équivoque la relation d'Orgon à Tartuffe ? Comment le comportement de madame Pernelle fournit-il des indices pour comprendre son fils ?

❸ Quel rôle jouent les enfants Damis et Mariane ? Comment permettent-ils de révéler d'autres aspects de la personnalité du père ?

❹ En quoi le comportement de Dorine est-il étonnant dans le contexte du XVIIe siècle (notamment si on se réfère à sa situation sociale et si on tient compte de l'autoritarisme masculin généralisé) ?

❺ Qui peut-on considérer comme les grands gagnants et les grands perdants de cette pièce ? Justifiez votre réponse.

❻ Somme toute, que nous apprend cette pièce sur les rapports intergénérationnels ?

❼ Quels sont les personnages qui semblent avoir été retenus pour représenter les groupes sociaux suivants ?

a) Les domestiques.

b) Les dévots et les tenants de la morale puritaine.

c) Les bourgeois.

❽ Quelles valeurs de leur groupe social respectif (aspiration à s'élever socialement, conformisme social, bon sens populaire, goût de l'ordre, valorisation du plaisir, etc.) les personnages incarnent-ils ? Justifiez votre réponse à l'aide de citations et d'exemples.

❾ Quels personnages peut-on considérer comme des figurants ? Quel rôle leur est-il dévolu ?

Thématique

❶ Parmi les éléments suivants, dégagez les réseaux thématiques (ou le thème du réseau) qui semblent prédominer dans chacun des actes de la pièce :

a) dévotion, croyance religieuse et élévation spirituelle ;
b) mal, péché et impureté (la saleté) ;
c) autorité et soumission ;
d) amour, séduction et bienséance ;
e) famille, couple, rapport entre les générations ;
f) condition féminine ;
g) argent (cupidité et générosité) ;
h) loyauté et hypocrisie (imposture).

Organisation de la pièce, style et tonalité

❶ Le premier acte correspond-il aux caractéristiques suivantes de l'exposition ?

a) Fournir des indices sur la condition sociale des personnages et les relations qu'ils entretiennent.
b) Situer le lieu et l'époque.
c) Donner des indices sur la nature de l'intrigue.
d) Appréhender la suite des événements.

Expliquez votre réponse.

❷ Où peut-on situer le nœud* de l'intrigue ? Justifiez votre choix.

* : *Cf.* Glossaire

3 Par rapport au dénouement :

a) Peut-on dire qu'il dénoue les fils de l'intrigue ?

b) Crée-t-il un effet de surprise ou était-il attendu ?

c) Comment se solde la quête des personnages principaux ?

d) S'agit-il d'une fin tragique, comique ou pitoyable ?

e) En tenant compte du fait que le but du théâtre, à l'époque, était souvent de « plaire pour instruire », quel plaisir procure cette fin et quel message s'en dégage ?

4 Dans la galerie des personnages, montrez que certains relèvent de la comédie, d'autres de la farce, et qu'un personnage apparaît plus particulièrement comme une figure tragique. Justifiez votre choix.

5 Analysez tous les ressorts comiques de la pièce.

Sujets d'analyse et de dissertation

Plusieurs pistes d'analyse portant sur l'œuvre complète sont maintenant accessibles, et certaines plus faciles à emprunter que d'autres. Pour favoriser votre progression vers le plan, les premiers sujets ont été partiellement planifiés (comme suggestion d'exercices : compléter ou détailler ces plans) ; en revanche, les derniers sujets laissent toute la place à l'initiative personnelle.

❶ Analysez les différentes facettes du caractère de Tartuffe.

Esquisse de plan pour le développement.

Introduction

Sujet amené : puisez une idée dans le contexte historique et religieux de l'époque de Molière.

Sujet posé : reformulez le sujet d'analyse en mettant en lumière les éléments-clés de la question et en insistant sur les multiples visages de Tartuffe.

Sujet divisé : prévoyez un court résumé et annoncez les idées directrices des trois paragraphes du développement.

Développement

- Dans le premier paragraphe, exposez un trait de personnalité dominant chez Tartuffe, en insistant, par exemple, sur les titres successifs de la pièce (*Tartuffe ou l'imposteur*, *Tartuffe ou l'hypocrite*) et sur le message central de la pièce.
- Dans le deuxième paragraphe, analysez une autre caractéristique de la personnalité de Tartuffe en mettant en lumière le lien de ce personnage avec la foi et la dévotion.
- Dans le troisième paragraphe, analysez une troisième caractéristique de son tempérament en mettant l'accent sur son rapport aux femmes et à l'argent.

Conclusion

- Idée de synthèse : dégagez les grandes articulations du développement et tirez quelques conclusions de vos observations.
- Idée d'ouverture : allez chercher une idée dans le scandale suscité par la pièce au XVIIe siècle et la pertinence de cette œuvre revisitée par un public contemporain.

❷ Montrez que conflits amoureux et conflits familiaux s'entrecroisent et se nourrissent les uns les autres dans la pièce.

Voici quelques sous-questions pour vous aider à dégager les idées directrices.

- Comment l'amour de Valère et Mariane se voit-il empoisonné par la présence de Tartuffe dans la maison familiale ?
- Comment la question du mariage de Mariane nourrit-elle la rébellion de la famille contre la loi du père ?
- De quelle façon Dorine joue-t-elle les entremetteuses ?
- Peut-on dire que les mésententes amoureuses entre Valère et Mariane font ressortir toute la force de leurs sentiments l'un pour l'autre ?
- Comment Tartuffe se joue-t-il des uns et des autres pour tenter de séduire Elmire ?
- En quoi Tartuffe, le nouveau « fils » d'Orgon, entraîne-t-il la mésentente en ne respectant pas l'autorité du père ?
- Comment l'amour d'Orgon pour les siens et pour sa femme en vient-il à triompher de Tartuffe ?

❸ Montrez que Valère et Tartuffe illustrent des modalités de séduction différentes.

❹ Dégagez les caractéristiques de la famille bourgeoise du XVIIe siècle en vous appuyant sur la pièce *Le Tartuffe*.

❺ Montrez que *Le Tartuffe* illustre sous plusieurs aspects les caractéristiques de la tragi-comédie (ou encore du courant baroque).

❻ Montrez que *Le Tartuffe* illustre sous plusieurs aspects les caractéristiques du classicisme.

❼ Analysez la gamme de tonalités utilisées dans l'œuvre.

❽ La pièce *Le Tartuffe* constitue une charge contre le parti des dévots. Démontrez-le.

❾ Analysez le caractère polémique de la pièce en dégageant les arguments qui auraient présidé à sa conception.

❿ Montrez que madame Pernelle, Orgon et Tartuffe ont des traits de personnalité en commun.

⓫ Dégagez les principales idées du XVIIe siècle qui sont mises à mal dans *Le Tartuffe*.

⓬ Montrez que *Le Tartuffe* reflète son époque tout en étant toujours d'actualité.

⓭ Montrez que *Le Tartuffe* traduit la mentalité du XVIIe siècle, tant en ce qui concerne les valeurs bourgeoises que les valeurs religieuses.

⓮ La signification de la pièce se construit sur l'affrontement des caractères. Expliquez cette assertion.

⓯ Montrez comment Molière contourne le principe de bienséance pour traduire la séduction et l'érotisme dans la pièce.

⓰ Analysez les rapports troubles d'Orgon avec Tartuffe.

⓱ « Il est de faux dévots ainsi que de faux braves ; / Et comme on ne voit pas qu'où l'honneur les conduit / Les vrais braves soient ceux qui font beaucoup de bruit, / Les bons et vrais dévots, qu'on doit suivre à la trace, / Ne sont pas ceux aussi qui font tant de grimace. / Hé quoi ? Vous ne ferez nulle distinction / Entre l'hypocrisie et la dévotion ? » (Cléante, acte I, scène 5, vers 326 à 332). Montrez que le personnage de Cléante aussi bien que d'autres aspects de la pièce illustrent l'idéal de l'honnête homme.

Glossaire

Pour étudier le théâtre : lexique de base et autres termes

Académie française : fondée en 1635, cette institution regroupe quarante membres élus par leurs pairs et dont le rôle est de veiller au bon usage de la langue française.

Acte : séparation du texte qui correspond à une étape du déroulement de l'action.

Alexandrin : vers de douze syllabes d'usage habituel dans le théâtre classique.

Allusif : caractère de ce qui est sous-entendu et formulé de manière indirecte.

Baroque : à l'origine, perle de forme irrégulière (*barroco*, en portugais). Courant littéraire (1580-1660) qui se caractérise par son goût de l'exubérance, de l'étrangeté, du mouvement et de l'éphémère, jouant sur l'être et le paraître.

Bienséance : ensemble des usages à respecter dans une pièce classique pour ne pas heurter les goûts et les préjugés du public, en évitant paroles, situations et idées qui peuvent choquer.

Boileau, Nicolas (1636-1711) : écrivain, poète et critique français connu pour avoir établi les règles de l'écriture classique au XVIIe siècle dans son célèbre *Art poétique* (1674), dont la forme et le contenu répercutent le souci d'équilibre et d'harmonie du classicisme.

Burlesque : comique outré ou parodie cocasse et familière d'œuvres nobles et sérieuses.

Cabale des dévots : parti de dévots qui, par fanatisme religieux, prône la soumission de l'État à l'Église. Les dévots de la Compagnie du Saint-Sacrement s'installent dans les familles, ont le soutien d'Anne d'Autriche (mère de Louis XIV) et des nobles convertis comme le prince de Condé et le prince de Conti, servent le pape et incarnent la lutte contre le pouvoir royal. La cabale des dévots renvoie donc à toutes ces luttes de pouvoir et d'influence.

Champ lexical : ensemble de mots se rapportant au même thème.

Classique : désigne l'œuvre des auteurs du classicisme, courant littéraire européen du XVIIe siècle dont les idéaux sont la mesure, l'équilibre et l'ordre dans une quête de perfection absolue. On désigne également ainsi tout auteur reconnu par la postérité et qui peut être enseigné dans les écoles.

Colbert, Jean-Baptiste (1619-1683) : contrôleur général des finances en France en 1665, puis secrétaire d'État à la Maison du roi et à la Marine.

Comédie : à l'origine, toute pièce de théâtre ; au XVIIe siècle, pièce de théâtre dont l'intrigue met en scène des personnages de petite condition et souvent stéréotypés. Elle se termine heureusement et suscite le rire.

Comédie-ballet : forme de comédie mise au point par Molière où s'entrecroisent texte, musique et danse dans le but de divertir.

Comédie d'intrigue : pièce qui s'appuie généralement sur le procédé du quiproquo, en tablant sur le malentendu et la confusion entre les personnages, pouvant entraîner des rebondissements et des retournements de situation.

Comédie de caractère : pièce qui s'appuie en général sur le contraste des personnalités.

Comédie de mœurs : pièce qui s'appuie sur le grossissement à outrance des traits de mentalité d'une époque.

Comédie-Française : fondée en 1680, cette institution est le plus illustre des théâtres parisiens ; sa mission est de jouer les grands classiques, parmi lesquels se trouvent les pièces de Molière, dramaturge considéré comme le patron des comédiens de France. La Comédie-Française est le seul théâtre d'État à accueillir une troupe permanente d'acteurs.

Comique d'intrigue : repose sur une situation de départ complexe pouvant entraîner des rebondissements et des retournements de situation.

Comique de caractère : repose sur un conflit de personnalités.

Comique de langage : repose sur des jeux de mots.

Comique de mœurs ou comique satirique : repose sur la caricature de personnages connus, de traits de mentalité ou d'idéologies à la mode.

Comique de situation : prend sa source dans un des événements reliés à l'intrigue et qui placent les personnages en situation ridicule.

Comique farcesque : glissement vers le burlesque en s'appuyant sur des situations ou des personnages stéréotypés.

Commedia dell'arte : comédie à l'italienne, née dans la seconde moitié du XVIe siècle, où les comédiens masqués improvisent sur un canevas en mettant l'accent sur le comique gestuel.

Compagnie du Saint-Sacrement de l'Autel : également appelée « parti des dévots », société catholique créée en 1630 par le duc de Ventadour, qui est née de la Réforme catholique et qui applique les réformes religieuses particulièrement strictes du Concile de Trente.

Contradiction : fait d'affirmer des idées opposées ou de faire le contraire de ce que l'on dit.

Corneille, Pierre (1606-1684) : dramaturge qui compose une œuvre à la croisée des courants baroque et classique, mettant en scène des personnages pourvus d'un profond sens de l'honneur et de fidélité au roi.

D'Autriche, Anne (1601-1666): reine de France et de Navarre de 1615 à 1643 à titre d'épouse de Louis XIII. À la mort de son mari, elle assure la régence des deux royaumes (de 1643 à 1661) pendant la minorité d'un de ses fils, celui qui deviendra le Roi-Soleil. Elle est aussi la mère de Philippe d'Orléans.

Dénouement: résolution d'une situation nouée par une série de péripéties. On trouve deux types de dénouement: le dénouement **fermé**, qui dénoue les nœuds de l'intrigue et résout la problématique de l'intrigue, et la fin **ouverte**, qui laisse certains aspects en suspens.

Dépit amoureux: situation exploitée au théâtre, dans laquelle des amoureux se querellent à la suite d'un malentendu, au point de rompre pour finalement se réconcilier. Titre d'une œuvre de Molière.

Deus ex machina: intervention d'un personnage extérieur à l'intrigue à l'image des dieux qui, dans le théâtre antique, venaient sur scène, grâce à une machinerie, pour régler la situation.

Didascalies: indications scéniques qui incluent tous les renseignements non destinés à être dits sur scène, comme la liste des personnages et la description des décors (ces indications scéniques apparaissent généralement en italique dans le texte). Plusieurs didascalies précisent les intentions de l'auteur quant à la version scénique. L'étudiant doit en tenir compte au moment de l'analyse.

Dramatique: relatif au théâtre; un auteur dramatique (Molière) est un dramaturge; une pièce de théâtre est une œuvre dramatique.

Édit de Nantes: signé le 13 avril 1598 par Henri IV, il permettait la liberté de culte aux protestants. La révocation de cet édit sous Louis XIV, en 1685, empêche ces derniers de pratiquer leur religion et donne lieu à divers soulèvements.

Exposition: scène d'ouverture, qui a généralement pour fonction de situer le spectateur par rapport aux éléments suivants: le contexte spatiotemporel de l'action, la condition sociale des personnages et les liens qu'ils entretiennent, la situation initiale et, souvent, la présentation d'un élément perturbateur qui rompt l'équilibre de départ.

Farce: comédie dont les origines remontent au Moyen Âge, mettant l'accent sur un humour populaire et un jeu très corporel.

Féodalisme: système politique et social fondé sur un rapport de dépendance du vassal au seigneur.

Flandres: plaine qui s'étend en bordure de la mer du Nord en France et en Belgique, entre l'Artois (en France) et les bouches de L'Escaut (en Belgique). Les ports de Calais, d'Ostende et de Dunkerque sont situés en Flandre maritime.

Fronde, La (1648-1652) : soulèvement des nobles, mécontents des mesures fiscales prises par Mazarin pour soutenir l'effort de guerre sous la régence d'Anne d'Autriche (pendant la minorité de Louis XIV).

Frontenac, Louis de Buade, comte de (1622-1698) : nommé gouverneur de la Nouvelle-France en 1672.

Gros-Guillaume, Robert Guérin dit (vers 1554-1634) : acteur français du XVIIe siècle, très célèbre pour les farces dans lesquelles il joue l'ivrogne ventru et impertinent.

Hégémonie : domination souveraine.

Héros : personnage principal du texte. Synonyme : protagoniste.

Honnête homme (Idéal de l') : modèle du sujet royal, qui a intégré les valeurs et le comportement valorisés sous Louis XIV : la juste mesure, l'art de la courtisanerie, le courage dans la modestie, tout pour ne pas porter ombrage au roi.

Intrigue : ensemble des événements qui forment le nœud d'une pièce de théâtre.

Ironie : figure de style qui permet d'exprimer l'inverse de ce que l'on pense en laissant percer la moquerie, et qui s'exprime notamment par des antiphrases.

Jansénisme : au XVIIe siècle, forme de puritanisme religieux selon lequel Dieu est Celui qui choisit ses élus.

Jésuites : ordre religieux fondé en 1540 et dont les membres font partie de la Compagnie de Jésus. Les premiers missionnaires de la Nouvelle-France viennent en grande partie de cet ordre religieux.

La Fayette, madame de (1634-1693) : comtesse et femme de lettres française, auteure de *La princesse de Clèves* (1678), roman à succès souvent reconnu comme le premier roman d'analyse psychologique en France.

La Rochefoucauld, François VI, duc de (1613-1680) : écrivain, mémorialiste et moraliste français reconnu pour ses *Maximes* (1664).

Le Vayer, François de la Mothe (1588-1672) : philosophe français à l'origine de la sceptique chrétienne et mettant le doute (face au dogme et au doute lui-même) au centre de ses réflexions.

Lully, Jean Baptiste (1632-1687) : compositeur français d'origine italienne de la période baroque, figure dominante de la vie musicale française sous le règne du Roi-Soleil.

Lumières : courant littéraire qui valorise, au XVIIIe siècle, l'usage de la raison pour soupeser et critiquer les conventions établies.

Mareuil, Jacques de : lieutenant de la marine, protégé de Frontenac et comédien amateur. Il est arrivé au Canada au printemps 1693 et est reparti à l'automne de 1694 ; il est connu pour le scandale qu'il a causé, lors de son passage à Québec, en jouant le rôle de Tartuffe lors de la représentation de cette pièce.

Mécénat : soutien apporté aux artistes et aux gens de lettres, qui pouvait prendre plusieurs formes : attribution d'une pension annuelle, d'un logement, d'une aide à la création, etc. Il entraîne souvent des obligations de la part de l'artiste, tenu, entre autres, de louanger le mécène.

Méré, Antoine Gombaud, chevalier de (1607-1684) : écrivain français connu pour ses essais sur l'honnête homme.

Monarchie absolue : forme de gouvernement autocratique et héréditaire selon lequel le roi ne rend compte de ses décisions qu'à Dieu. En France, la monarchie est patrilinéaire.

Nœud : cœur de l'intrigue, point culminant de l'action.

Parodie : texte qui en imite un autre pour le déprécier.

Pathétique : qui a pour but d'émouvoir le spectateur, de susciter une émotion intense.

Péripétie : rebondissement de l'action.

Personnages secondaires : êtres de fiction et participants de l'intrigue, ils assument de façon transitoire une des fonctions du schéma actantiel, soit destinateur ou destinataire, adjuvant ou opposant ; ils sont plus rarement l'objet de la quête.

Précieux : adeptes d'un courant littéraire et philosophique du début du XVIIe siècle, qui revendique l'émancipation des femmes tout en faisant la promotion de la galanterie et du raffinement dans les mœurs.

Protagoniste : voir **Héros**.

Quiproquo : situation qui prête à des malentendus.

Racine, Jean (1639-1699) : dramaturge fortement influencé par le jansénisme, forme de puritanisme religieux, et qui met en scène des personnages condamnés au malheur parce qu'ils sont déchirés entre leur amour et leur sens du devoir.

Registre : ensemble de procédés qui visent un effet particulier chez le spectateur. Dans la comédie : registres farcesque, burlesque, satirique, etc.

Règle des trois unités : règle du théâtre classique voulant qu'une pièce respecte l'unité de lieu, de temps et d'action ; l'action se déroule en un seul lieu, en un jour et autour d'une seule grande intrigue.

Saint-Vallier, Jean-Baptiste de La Croix de Chevrières de (1653-1727) : issu d'une famille française influente, il est le deuxième évêque de Québec et le fondateur de l'Hôpital de Québec. Ses seize années d'épiscopat, de 1688 à 1704, sont marquées par de nombreux conflits qui résultent de sa ferveur dévote et de son caractère autocratique.

Sales, saint François de (1567-1622) : théologien du christianisme très apprécié au XVIIe siècle ; il est considéré comme le saint patron des journalistes et des écrivains et s'est démarqué par ses écrits. Il est à l'origine des premiers journaux catholiques.

Satire : texte dans lequel l'humour prend un caractère critique si ce n'est polémique.

Satirique : registre qui consiste à se moquer d'une idée ou d'une personne dans le but de la déprécier.

Scaramouche, Tiberio Fiorelli, dit (1608-1694) : acteur de la *commedia dell'arte*, originaire d'Italie et ayant vécu en France à partir des années 1640. Il est le créateur du personnage de Scaramouche et le directeur de la troupe des Comédiens-Italiens. Ami de Molière, il partage avec lui les mêmes théâtres (Petit-Bourbon et Théâtre du Palais-Royal). Le jeune Louis XIV était friand de ses spectacles.

Stichomythie : dialogue composé d'une succession de courtes répliques tenant souvent en bribes de phrases.

Symbole : figure de style de substitution, représentation concrète d'une notion abstraite.

Thème : au sens large, ce dont parle un texte ou idée qui s'incarne dans les personnages et l'intrigue s'il s'agit d'un texte fictif.

Tirade : longue réplique qui s'insère dans un dialogue (donc, différente du monologue).

Tonalité : atmosphère qui domine dans un texte.

Totalitarisme monarchique : régime dont le représentant est le roi, qui ne souffre aucune opposition. Le roi impose sa loi et ses idées, contrôle la population et la liberté d'expression en plus de recourir fréquemment à l'armée et à la force pour régler ses conflits.

Tragédie : pièce de théâtre en vers mettant en scène des personnages de haut lignage, qui suscite chez le spectateur des émotions vives et qui se termine généralement par la mort d'un des protagonistes.

Tragique : qui inspire terreur et pitié ; le personnage est prisonnier d'une situation qui l'anéantit.

Turlupin, Henri Legrand, dit (1587-1637) : acteur français ;

il a été comédien à l'Hôtel de Bourgogne et a créé Turlupin, un personnage connu pour ses jeux de mots et la méchanceté de ses répliques. Il est à l'origine des « turlupinades », jeu où la plaisanterie grossière de Turlupin, Gros-Guillaume et Gaultier-Garguille, trio de paillasses réputé pour ses farces, est portée à son paroxysme et devient un modèle du genre.

Versailles, château de : résidence somptueuse de la royauté en France jusqu'à la Révolution française. Ce château situé en région parisienne glorifie la monarchie française par la splendeur de son architecture classique et de ses jardins.

Vraisemblance : qualité de ce qui semble vrai selon le spectateur, même quand cela ne l'est pas réellement.

Bibliographie, filmographie et sites Internet

Bibliographie

– Antoine Adam, *Histoire de la littérature française du XVIIe siècle*, tomes II et III, Domat, 1952.
– Paul Bénichou, *Morales du Grand Siècle*, Gallimard, 1988.
– Mikhaïl Boulgakov, *Le roman de monsieur de Molière*, Gérard Lebovici, 1986.
– Gabriel Conésa, *La comédie de l'âge classique*, Seuil, 1995.
– Jacques Copeau, *Registre II: Molière*, Gallimard, 1976.
– Michel Corvin, *Molière et ses metteurs en scène d'aujourd'hui*, Presses universitaires de Lyon, 1985.
– Maurice Descôtes, *Les grands rôles du théâtre de Molière*, PUF, 1960.
– Robert Garapon, *Le dernier Molière*, Sedes, 1977.
– Roger Guichemerre, *La comédie avant Molière*, Armand Colin, 1972.
– Louis Jouvet, *Molière et la comédie classique*, Gallimard, 1965.
– Georges Mongrédien, *La vie quotidienne des comédiens au temps de Molière*, Hachette, 1973.
– Christophe Mory, *Molière*, coll. « Folio Biographies », Gallimard, 2007.
– Alfred Simon, *Molière ou la vie de Jean-Baptiste Poquelin*, Seuil, 1995.
– Céline Thérien, *Anthologie de la littérature d'expression française, des origines au romantisme*, Tome I, 2e éd., Les Éditions CEC, 2006.
– Céline Thérien, *L'Abrégé, notions littéraires, lecture, écriture*, Les Éditions CEC, 2010.

Études sur Le Tartuffe

– Jean-Pierre Collinet, *Lectures de Molière*, coll. « U2 », Armand Colin, 1974.
– Jacques Schérer, *Structures du Tartuffe*, Sedes, 1974.
– *La lettre sur la comédie de l'Imposteur* (écrit anonyme, 1667).

Filmographie

– *Herr Tartuff*, de Friedrich Wilhelm Murnau en 1925.
– *Le Tartuffe de Molière*, tourné en 1984 avec Gérard Depardieu, d'après la mise en scène au TNS de Jacques Lassalle.
– *Dix ans avec Le Tartuffe*, de Roger Planchon (en collaboration avec le CNDP, rue d'Ulm, et le théâtre Villeurbanne, 69100).
– *Au soleil même la nuit*, vidéocassette d'AGAT Films et Cie, 1997 (travail de mise en scène par Ariane Mnouchkine).
– *Molière*, de Laurent Tirard avec Romain Duris dans le rôle-titre, 2007. Distribution Christal Films.

Sites Internet

– www.bnf.fr (cliquer sur département « arts du spectacle »)
– www.comedie-francaise.fr
– www.scd.univ-parisIII.fr (fonds de la bibliothèque Gaston-Baty)

Crédits photographiques

p. 8 : © ADO / Iberfoto / The Image Works. **p. 10 :** © photo Photothèque Hachette Livre. **p. 38 :** © photo Photothèque Hachette Livre. **p. 53, 61, 63, 87, 117, 139, 161 :** © photo Photothèque Hachette Livre. **p. 71, 190, 195, 204, 206, 208 :** © photo Photothèque Hachette Livre. **p. 94 :** Théâtre du Nouveau Monde © Michael Slobodian. **p. 132 :** Théâtre du Nouveau Monde © Michael Slobodian. p. **148 :** © Fonds André Le Coz, Université de Sherbrooke. **p. 160 :** © photo Photothèque Hachette Livre.

Dans la même collection

Tristan et Iseut

BALZAC
La Peau de chagrin

BAUDELAIRE
Les Fleurs du mal

BEAUMARCHAIS
Le Mariage de Figaro

CAMUS
L'Étranger
La Peste

CORNEILLE
Le Cid

GAUTIER
Contes fantastiques

HUGO
Les Misérables
Le Dernier Jour d'un condamné

JARRY
Ubu Roi

MARIVAUX
Le Jeu de l'amour et du hasard

MAUPASSANT
Récits réalistes et fantastiques

MOLIÈRE
Dom Juan
Les Femmes savantes
Le Misanthrope

MUSSET
On ne badine pas avec l'amour

RACINE
Phèdre

VIAN
L'Écume des jours
L'Arrache-cœur

VOLTAIRE
Candide
Zadig
L'Ingénu

ZOLA ET MAUPASSANT
Nouvelles réalistes